그리스 신화 예술로 읽다

그리스 신화 예술로 읽다

예술 작품으로 읽는 그리스 신화

김선형 지음

경남대학교출판부

머리말

예술로 읽는 그리스 신화

시중에는 그리스·로마 신화를 주제로 한 수많은 책들이 있다. 게다가 우리는 어린 시절부터 그리스·로마 신화에 대한 이야기를 많이 접했기 때문에, 그리스·로마 신화를 잘 알고 있다고 생각한다. 그러나 그리스·로마 신화는 다양한 형식으로 변형되고 발전되어서, 실상 우리가 알고 있는 그리스·로마 신화에 대한 지식은 매우 단편적이라고 할 수 있다.

우주의 탄생과 신들의 계보, 호메로스의 『일리아스』와 『오디세이아』, 베르길리우스의 『아이네이스』에 나오는 인물들과 고대 그리스의 비극에 등장하는 인물들, 그리고 그 외의 그리스 신화 속 영웅들이 등장하는 이야기의 출처에 근거해 구분하여 설명해 주는 책들을 찾기 힘들어, 사실상 독자들이 그리스 신화의 전체적 계보와 맥락을 이해하는 일은 그리 간단치 않다. 게다가 수많은 그리스 신화 속 인물들의 길고 낯선 이름과 지명들은 독자를 혼돈 속으로 빠트리기 십상이다.
우리는 세계의 유명 박물관(루브르 박물관, 오르세 박물관, 바티칸 박물관, 보르게세 박물관, 코레르 박물관, 파르네시아 궁전, 에르미타주 박물관, 프라도 미술관, 피나코텍 등)을 방문하게 되면 그리스·로마 신화를 테마로 삼고 있는 수많은 작품들을 만나게 된다.

예술가들은 그리스·로마 신화의 어떤 면을 형상화하려고 하였을까, 그리고 그 의미는 무엇일까. 그리스·로마 신화를 어렵고 복잡하게만 생각했던 독자들도 그리스 신화를 모티브로 형상화된 예술작품을 함께 보며 그리스 신화를 접하게 된다면, 그리스 신화 속 인물들에 대한 이해를 쉽게 할 수 있을 것이다.

이 책에서는 우리가 잘 알고 있다고 생각하지만, 실상은 부분적으로만 알고 있는 그리스 신화를 예술작품과 함께 설명해, 독자들에게 그리스·로마 신화의 세계를 보다 효과적이고 감각적으로 이해할 수 있도록 하였다.

세계 유명 박물관에 있는 약 250여 점의 감각적 예술작품이 독자들을 유럽의 문화와 예술의 세계, 그리고 그리스·로마 신화 속으로 인도할 것이다.

지은이 김선형

차례

제1부 신화의 기원

우주의 탄생 27

가이아와 우라노스 28

- 히프노스와 타나토스 30
- 모르페우스 33
- 가이아와 폰토스 36

키클롭스와 헤카톤케이레스, 그리고 12(13)명의 티탄 38

- 3명의 키클롭스와 3명의 헤카톤케이레스 38
- 티타네스와 티타니데스 40
- 우라노스와 티탄족의 반란 47
- 크로노스와 레아 48
- 어린 시절의 제우스와 '풍요의 뿔' 52

티탄의 후손들 55

- 메티스, 티케, 스틱스 55
- 젤로스, 니케, 크라토스, 비아, 아스테리아, 레토 57
- 팔라스, 헬리오스, 셀레네, 에오스 60
- 아틀라스, 메노이티오스, 프로메테우스, 에피메테우스 62

그 외 티탄 신족의 후손 69

- 에오스와 아스트라이오스 69
- 보레아스와 오레이티이아 69
- 제피로스, 클로리스, 카르포스 71
- 칼라모스 72

신들의 전쟁 ········ 73
제우스와 티탄 신족의 전쟁 ········ 73
올림포스의 신들과 기간테스와의 전쟁 ········ 74
알로아다이 ········ 76
티폰과의 전쟁 ········ 78

제2부 제우스의 연인

제우스와 헤라 ········ 81
헤라 ········ 86

제우스의 연인들 ········ 88
이오 ········ 88
칼리스토 ········ 92
레토 ········ 94
다나에 ········ 95
레다 ········ 97
에우로페 ········ 102
안티오페 ········ 104
가니메데 ········ 108

제3부 제우스의 자녀

아테나 ········ 111
파르테논 신전 ········ 114
판아테나이아 축제 ········ 116
아테나와 아라크네 ········ 117

아프로디테 120
에로스 124
프시케 126
아도니스 130
앙키세스 133
아폴론 135
아스클레피우스와 키클롭스 136
플레기아스 139
파르나소스산 140
아드메토스 146
피톤 146
클리티에 148
다프네 149
히아킨토스 151
시빌레 152
마르시아스 154
이아픽스 156
아르테미스 158
악타이온 160
엔디미온 162
니오베 164
헤르메스 166
헤르메스와 아폴론 167
헤르메스와 헤르세 168
헤르마프로디토스와 살마키스 170
판 171

디오니소스 173
이노와 아타마스 179
디오니소스의 승리 180
사투르날리아 183
아리아드네 184
사티로스(실레노스) 186
미다스 187
아레스 190
아레스와 아프로디테, 헤파이스토스 193
헤파이스토스 194
판도라 196
헤라클레스 198
헤라클레스의 탄생 198
헤라클레스와 헤베 199
헤라클레스와 옴팔레 201
헤라클레스의 12가지 과업 202
헤라클레스와 알케스티스 221
헤라클레스와 아켈로오스 223
헤라클레스와 안타이오스 224
헤라클레스의 죽음 224
페르세우스 226
안드로메다 230
모이라이 232
무사이 233

탄탈로스 235
카리테스 236

제4부 제우스의 형제

제우스와 그의 형제들 241
포세이돈 243
포세이돈과 아테나 246
암피트리테와 트리톤 247
하데스 247
데메테르, 트리프톨레모스, 페르세포네 247
오르페우스와 에우리디케 252
헤스티아 254
에게리아와 누마 255

제5부 신화 속 영웅

이아손 259
피네우스 261
메데이아 262
에우리피데스의 『메데이아』 264
메데이아와 테세우스 266
멜레아그로스 267
멜레아그로스와 알타이아 268

아탈란테 270
아탈란테와 멜라니온 270
테세우스 271
테세우스의 탄생 271
테세우스와 페리페테스 271
테세우스와 프로크루스테스 272
미노스 274
페드라와 히폴리토스 275
다이달로스와 이카로스 277
스핑크스 279
오이디푸스 280
시시포스 282
피그말리온 285
피라모스와 티스베 286
제6부 신화 속 전설적 인물
나르키소스와 에코 289
아키스 291
케팔로스와 프로크리스 293
켄타우로스 295
익시온과 네펠레 295

라피타이족과 켄타우로스족의 싸움 297
케이론 298
그리핀(그리피스) 300
미노타우로스 301
키마이라 304
키마이라와 벨레로폰 304

제7부 『일리아스』와 『오디세이아』

『일리아스』 309
헬레네와 파리스 309
헬레네와 트로이 전쟁 313
테티스의 간청 314
아킬레스건 315
아킬레우스와 파트로클로스 317
아가멤논의 비극 320
칼카스와 이피게니아 321
카산드라의 예언 323
『오디세이아』 325
오디세우스 325
오디세우스와 칼립소 327
칼립소와 텔레마코스 329
파이아케스인들과 나우시카 330
오디세우스와 나우시카 331

오디세우스와 데모도코스 ······ 333
키클롭스 ······ 335
키르케 ······ 338
테이레시아스 ······ 339
세이렌 ······ 342
스킬라와 카리브디스 ······ 345

제8부 『아이네이스』
라오콘 ······ 349
아이네이아스 ······ 352
디도 ······ 355
투르누스와 유투르나 ······ 359

참고문헌 ······ 361

작품 차례

카오스 왓스(George Frederic Watts) ···· 28
가이아 포이어바흐(Anselm Feuerbach) ···· 29
에페소스의 아르테미스 신전에 새겨진 타나토스의 대리석 조각 ···· 32
히프노스와 타나토스 워터하우스(John William Waterhouse) ···· 32
모르페우스 레스투(Jean-Bernard Restout) ···· 35
폰토스 ···· 37
타우마스와 포르키스, 그리고 케토 ···· 37
헤카톤케이레스 ···· 39
오케아노스 ···· 41
오케아노스(로마 진실의 입) ···· 41
헤라클레스의 신전 ···· 42
테티스 ···· 44
테미스 ···· 44
아스트라이아가 지구를 떠나다 살바토르 로사(Salvator Rosa) ···· 45
므네모시네 로세티(Dante Gabriel Rosetti) ···· 46
거대한 낫으로 아버지 우라노스를 거세하는 크로노스
조르쥬 바사리(Giorgio Vasari), 제라디(Chritofano Gheradi) ···· 48
크로노스(사투르누스) 신전 ···· 49
시간이 큐피드의 날개를 다듬다 미냐르(Pierre Mignard) ···· 50
크로노스가 자신의 아이를 잡아먹다 루벤스(Peter Paul Rubens) ···· 51
레아가 크로노스에게 강보에 싸인 돌을 주다 ···· 52
풍요 루벤스(Peter Paul Rubens) ···· 53
제우스의 어린 시절 요르단스(Jacob Jordaens) ···· 54
티케 에우티키데스(Eutychides)의 작품의 모사본 ···· 55
뱃사공 카론이 영혼을 지옥으로 데려가다 도레(Gustave Dore) ···· 56
아폴론과 아르테미스와 함께 있는 레토 포치(Francesco Pozzi) ···· 58

사모트라케의 니케 59
셀레네와 엔디미온 리치(Sebastiano Ricci) 60
태양으로 의인화된 헬리오스 멩스(Anton Raphael Mengs) 60
셀레네 60
새벽의 여신 아우로라 구에르치노(Guercino) 62
아우로라 레니(Guido Reni) 62
아틀라스 파르네세 콜렉션 63
결박된 프로메테우스 아담(Nicolas-Sébastien Adam) 65
판도라가 에피메테우스에게 항아리를 건네다 파리네티(Paolo Farinati) 67
에피메테우스가 판도라의 상자를 열다 바나소네(Guillio Banasone) 67
파에톤의 추락 요한 리스(Johann Liss) 68
오레이티이아의 납치 솔리메나(Francesco Solimena) 70
플로라와 제피로스 부그로(William-Adolphe Bouguereau) 71
비너스의 탄생 보티첼리(Sandro Botticelli) 72
티탄족의 몰락 하를렘(Cornelis Cornelisz van Haarlem) 74
기간테스 아프로디시아스 광장의 프리즈 75
트리톤과 그의 어머니 암피트리테가 여러 명의 기간테스와 싸우다 76
지옥에서 신음하는 알로아다이 도레(Gustave Dore) 77
튀폰 홀라르(Wenceslaus Hollar) 79
올림피아에 있는 제우스 신전 82
번개를 들고 있는 제우스 83
올림피아 신전 루브케(Wilhem Lubke) 84
이다산 위의 제우스와 헤라 바리(James Bury) 84
스미르나의 제우스 85
제우스 머리와 번개 85

헤라 캄파나 ········ 86
베네치아에 선물을 뿌리는 헤라 파올로 베로네세(Paolo Veronese) ········ 87
아그리젠토의 헤라 신전 ········ 88
유노와 아르고스 루벤스(Peter Paul Rubens) ········ 90
헤르메스와 아르고스 벨라스케스(Diego Velazquez) ········ 91
제우스와 이오 코레지오(Antonio da Correggio) ········ 91
다이아나와 칼리스토 티치아노(Tiziano Vecellio) ········ 93
제우스와 칼리스토 슈피어링크스(Karel Philips Spierincks) ········ 93
레토와 리키아의 농부들 대 얀 브뢰헬(Jan Breughel the Elder) ········ 94
라토나 분수 ········ 95
다나에 안토니오 알레그리 다 코레조(Antonio Allegri da Correggio) ········ 96
레다와 백조 세스토(Cesare da Sesto) ········ 97
레다와 요정들 투생 뒤브레이유(Toussaint Dubreuil) ········ 98
레우키포스의 딸들의 납치 루벤스(Peter Paul Rubens) ········ 100
퀴리날레 언덕의 카스토르와 폴리데우케스 ········ 100
카피톨리노 언덕의 카스토르와 폴리데우케스 ········ 101
포로 로마노 내의 디오스쿠로이 신전 ········ 102
에우로페의 납치 베로나(Liberale da Verona) ········ 103
겁탈당하는 에우로페 조반니 바티스타 티에폴로(Giovanni Battista Tiepolo) ········ 103
안티오페와 그녀의 쌍둥이 자식들, 그리고 사티로스로 변한 제우스 빈센트 셀레르(Vincent Sellaer) ········ 105
사티로스로 변신한 제우스와 안티오페 코레지오(Antonio Da Correggio) ········ 105
암피온과 제토스가 디르케를 황소에 묶다 ········ 107
제우스가 가니메데를 납치하다 쉬외르(Eustache Le Sueur) ········ 108
아테나 ········ 113
헬멧, 창 그리고 올빼미가 함께 있는 아테나 브리고스(Brigos) ········ 113

아크로폴리스 클렌체(Leo von Klenze) 115
파르테논 신전 115
미네르바 신전 115
판테온 프리즈 116
실 잣는 여인들 벨라스케스(Diego Velazquez) 119
에우로페의 납치 티치아노(Tiziano Vecellio) 119
비너스의 탄생 카바넬(Alexandre Cabanel) 120
아이네이아스에게 줄 무기를 비너스에게 건네는 불카누스 부셰(François Boucher) 122
밀로의 비너스 123
아레스와 비너스, 그리고 불카누스 기예모(Alexandre Charles Guillemot) 123
비너스와 아도니스 야코보 아미고니(Jacopo Amigoni) 123
큐피드들과 개들 푸생(Nicolas Poussin) 124
에로스에게 프시케를 향해 활을 쏘라고 명령하는 비너스 라파엘로(Raffaello Sanzio) 125
큐피드와 프시케 주세페 크리스피(Giuseppe Crespi) 126
에로스의 키스로 되살아난 프시케 안토니오 카노바(Antonio Canova) 127
아프로디테와 아도니스 르무안(François Lemoyne) 130
아프로디테와 아도니스 루카 캄비아소(Luca Cambiaso) 132
비너스와 아도니스 티치아노(Vecellio Tiziano) 133
아프로디테와 앙키세스 리치몬드(William Blake Richmond) 134
델로스의 아폴로 신전 135
델피의 아폴로 신전 136
아스클레피우스 137
에피다우루스의 아바톤 138
단테와 베르길리우스와 함께 있는 플레기아스 139

아테나가 파르나소스 산의 아폴론을 방문하다
아놀드 호우브라켄(Arnold Houbraken) 141
희극의 뮤즈 탈리아 반 루(Louis-Michel van Loo) 142
클리오와 마차시계 프란초니(Carlo Franzoni) 142
클리오, 에우테르페와 탈리아 유스타쉬 르 쉬외르(Eustache Le Sueur) 143
파르나소스 143
파르나소스 라파엘로(Raffaello Sanzio) 144
벨베데레의 아폴론 147
해바라기로 변한 클리티에 샤를 드 라 포스(Charles de La Fosse) 148
아폴론과 다프네 티에폴로(Giovanni Battista Tiepolo) 149
아폴론과 다프네 베르니니(Giovanni Lorenzo Bernini) 150
히아킨토스의 죽음 장 브로크(Jean Broc) 151
델피의 시빌레 미켈란젤로(Michelangelo) 153
살가죽이 벗겨지는 마르시아스 154
미다스의 판결 골치우스(Hendrick Goltzius) 155
삽포와 알카이오스 알마 타데마(Lawrence Alma-Tadema) 155
이아픽스가 아이네이스의 다리에서 화살을 꺼내다 157
다이아나의 사냥 도메니키노(Domenichino) 158
목욕을 끝낸 디아나 프랑소아 부셰(François Boucher) 159
아르테미스의 휴식 야콥 요르단스(Jacob Jordaens) 159
아르테미스와 암사슴 레오카레스(Leokares)의 카피 160
악타이온의 죽음 티치아노(Tiziano Vecellio) 161
엔디미온의 잠 지로데 트리오종(Anne Louis Girodet De Roussy-Trioson) 162
다이아나와 엔디미온 몰라(Pier Francesco Mola) 163
눈물을 흘리는 바위 165

니오베의 아이들을 공격하는 아르테미스와 아폴론
다비드(Jacques-Louis David) 165
헤르메스 166
헤르메스와 에로스 니콜라 샤프롱(Nicolas Chaperon) 167
아폴로와 헤르메스가 있는 풍경 로랭(Claude Lorrain) 168
헤르메스, 헤르세와 아글라우로스
장 밥티스트 마리 피에르(Jean-Baptiste-Marie Pierre) 169
살마키스 프랑수아 조셉 보시오(François Joseph Bosio) 170
헤르마프로디토스 171
판과 시링크스 미나르(Pierre Mignard) 172
제우스와 세멜레 귀스타브 모로(Gustave Moreau) 173
디오니소스의 어린 시절 푸생(Nicolaus Poussin) 174
헤르메스와 아기 디오니소스 프락시텔레스(Praxiteles) 175
디오니소스의 여신도 175
박카스 신도들의 춤 렌즈(Andries Cornelis Lens) 176
펜테우스의 죽음 177
디오니소스 카라바조(Michelangelo da Caravaggio) 179
광기에 사로잡힌 아타마스가 자신의 아들을 바다로 던지다
얀스존(Willem Janszoon), 안토니오 템페스타(Antonio Tempesta) 180
인도에서 돌아오는 디오니소스 181
리쿠르고스의 컵 182
바커스의 젊음 부그로(William-Adolphe Bouguereau) 183
사투르날리아 칼레(Antoine-François Callet) 184
바커스와 아리아드네 티치아노(Vecellio Tiziano) 185
어린 디오니소스를 안고 있는 실레노스 187
님프와 사티로스 부그로(William-Adolphe Bouguereau) 187

미다스의 손이 닿자 딸이 황금으로 변하다 호손(Nathaniel Hawthorne) …… 188
파크톨루스 강의 미다스 푸생(Nicolas Poussin) …… 189
파르나소스산의 아프로디테와 아레스 안드레아 만테냐(Andrea Mantegna) 191
아테나와 디오메데스 볼프(Albert Wolff) …… 191
아프로디테와 아레스의 불륜을 지켜보는 헤파이스토스
기예모(Alexandre Charles Guillemot) …… 193
번개를 만드는 헤파이스토스 루벤스(Peter Pail Rubens) …… 195
불카누스와 마이아 슈프랑거(Bartholomäus Spranger) …… 195
에바 프리마 판도라 장 쿠쟁(Jean Cousin) …… 197
은하수의 기원 틴토레토(Jacopo Tintoretto) …… 199
파르네세 헤라클레스 리시포스(Lysippos) 작품의 카피 …… 200
헤베 루이 자크 뒤보아(Louis-Jacques Dubois) …… 200
헤라클레스와 옴팔레 프랑수아 르무안(François Lemoyne) …… 201
뱀을 죽이는 헤라클레스 …… 202
헤라클레스의 선택 카라치(Annibale Carracci) …… 203
델피의 여사제 콜리어(John Collier) …… 205
네메아의 사자 수르바란(Francisco de Zurbaran) …… 206
히드라를 죽이는 헤라클레스 귀도 레니(Guido Reni) …… 207
헤라클레스와 히드라 안토니오 델 폴라이우올로(Antonio del Pollaiuollo) …… 208
아르테미스의 암사슴을 잡는 헤라클레스 암포라의 그림 …… 209
항아리에 그려진 헤라클레스와 에리만토스의 멧돼지 …… 211
헤라클레스가 알페이오스와 페네이오스 강을 끌어들여
아우게이아스 외양간을 청소하다 고대 로마의 모자이크 …… 212
스팀팔로스의 새를 잡는 헤라클레스 뒤러(Albrecht Dürer) …… 213
크레타의 황소를 잡는 헤라클레스 피카르(Bernard Picart) …… 214
디오메데스의 암말 고대 로마의 모자이크 …… 215

히폴리테의 허리띠를 얻는 헤라클레스 크뉘퍼(Nikolaus Knüpfer) ············ 216
헤라클레스와 게리오네스와의 싸움 항아리의 그림 ············ 218
카쿠스를 죽이는 헤라클레스 반디넬리(Baccio Bandinelli) ············ 219
헤스페리데스 정원의 헤라클레스 펠레그리니(Giovanni Antonio Pellegrini) ··· 220
헤라클레스와 케르베로스 템페스타(Antonio Tempesta) ············ 220
헤라클레스가 알케스티스를 위하여 타나토스와 싸우다
레이톤(Fredrick Lord Leighton) ············ 222
헤라클레스가 타나토스에게서 알케스테스를 빼앗아
아드메토스 왕에게 인도하다 티시바인(Johann Heinrich Tiscjbein) ············ 222
헤라클레스와 아켈로오스 귀도 레니(Guido Reni) ············ 223
안타이오스와 헤라클레스 수르바란(Francisco de Zurbaran) ············ 224
네소스에게 납치되는 데이아네이라 귀도 레니(Guido Reni) ············ 225
헤라클레스의 죽음 수르바란(Francisco de Zurbaran) ············ 225
메두사의 머리를 들고 있는 페르세우스 안토니오 카노바(Antonio Canova) 227
페가수스와 크뤼사오르의 탄생 에드워드 번 존스(Edward Burne-Jones) ······ 229
페가수스 영국 공수부대의 상징 ············ 229
안드로메다를 구하는 페르세우스 레이턴(Frederic Leighton) ············ 230
페르세우스와 안드로메다 샤를 앙드레 반 루(Charles-Andre van Loo) ············ 231
안드로메다를 구하는 페르세우스 피에로 디 코시모(Piero di Cosimo) ········ 232
세 명의 운명의 여신 피셔(Hans Vischer) ············ 233
멜포메네 2세기 로마 동상 ············ 234
멜포메네, 에라토, 폴리힘니아 쉬외르(Eustache Le Sueur) ············ 234
탄탈로스 아세레토(Gioacchino Assereto) ············ 236
삼미신 ············ 237
프리마베라 중 삼미신 보티첼리(Sandro Botticelli) ············ 237
삼미신 라파엘(Raphael)(Sandro Botticelli) ············ 239

하데스와 케르베로스 마이어의 대화사전 ······ 242
주피터, 넵튠, 플루톤 카라바조(Michelangelo da Caravaggio) ······ 242
포세이돈 신전 ······ 243
포세이돈의 개선 ······ 244
넵튠의 분수 암만나티(Ammannati) ······ 245
넵튠 앙투안 쿠아즈보(Antoine Coysevox) ······ 245
넵튠과 미네르바의 싸움 우아스(Rene-Antoine Houasse) ······ 246
넵튠과 암피트리테 게인(Jacob de Gheyn) ······ 247
데메테르 ······ 248
페르세포네, 트리프트톨레무스, 데메테르 ······ 249
엘레우시스 ······ 250
페르세포네를 납치하는 하데스 잔 로렌초 베르니니(Gian Lorenzo Bernini) ······ 251
오르페우스와 바칸데스 그레고리오 라짜리니(Gregorio Lazzarini) ······ 253
오르페우스와 에우리디케 안토니오 카노바(Anronio Canova) ······ 253
헤스티아 신전 ······ 254
에게리아의 신전 ······ 255
에게리아가 누마 폼필리우스 황제에게 로마의 법을 쓰게 하다
체카(Ulpiano Checa) ······ 256
에게리아가 누마를 애도하다 로랭(Claude Lorrain) ······ 257
이아손이 황금모피를 얻다 트로이(Jean François de Troy) ······ 260
이아손과 메데이아 귀스타브 모로(Gustave Moreau) ······ 263
데우스 엑스 마키나 ······ 265
메데이아의 분노 들라크로아(Eugene Delacroix) ······ 265
멜레아그로스와 아탈란테 요르단스(Jacob Jordaens) ······ 268
오비디우스의 알타이아의 삽화 바우어(Johann Wilhelm Baur) ······ 269
히포메네스와 아탈란타 레니(Guido Reni) ······ 270

테세우스 카노바(Antonio Canova) ········· 272
테세우스와 프로크루스테스 아티카 출신 화가의 암포라 ········· 273
최근의 무역 대회에서의 움직임 테니엘(John Tenniel) ········· 273
단테와 베르길리우스가 미노타우로스를 만나다 ········· 274
히폴리투스의 죽음 장 밥티스트 르무안(Jean-Baptiste Le-moyne) ········· 276
다이달로스와 이카로스 안토니오 카노바(Antonio Canova) ········· 277
이카로스의 추락 고위(Jacob Peter Gowy) ········· 278
스핑크스의 수수께끼를 설명하는 오이디푸스
장 오귀스트 도미니크 앵그르(Jean-Auguste-Dominique Ingres) ········· 280
콜로노스의 오이디푸스 해리어트(Fulchran Jean Harriot) ········· 281
시시포스 티치아노(Tiziano Vecellio) ········· 284
피그말리온과 갈라테이아 라우(Jean Raoux) ········· 285
피라모스와 티스베 파가니(Gregorio Pagani) ········· 287
에코와 나르키소스 푸생(Nicolas Poussin) ········· 290
아키스와 갈라테아 페리에(Francois Perrier) ········· 291
아키스와 갈라테아를 놀라게 하는 폴리페무스 오탱(Auguste Ottin) ········· 292
케팔로스와 에오스 푸생(Nicolas Poussin) ········· 293
죽어가는 프로크리스 브테바엘(Joachim Wtewael) ········· 294
익시온 ········· 296
켄타우로마키아 미켈란젤로(Michelangelo di Lodovico Buonarroti Simoni) ········· 297
라피타이족과 켄타우로스족의 싸움 코시모(Piero di Cosimo) ········· 298
아킬레우스의 교육 제임스 바리(James Barry) ········· 299
케이론이 아킬레우스를 교육하다 헤르쿨라네움의 프레스코화 ········· 300
그리핀 바셀의 중세 태피스트리 ········· 301
다이달로스가 파시파에에게 자신이 만든 소를 보여주다 ········· 302
미노타우로스의 흉상 ········· 303

아풀리아 접시에 그려진 키마이라 ······ 304
페가수스를 탄 벨레로폰이 키마이라를 죽이다 아티카의 에피네트론 ··· 305
페이레네 샘 ······ 306
일리아스 8권 245~253행 ······ 307
파리스의 심판 루벤스(Peter Paul Rubens) ······ 310
파리스의 심판 멩스(Anton Raphael Mengs) ······ 310
헬레네의 납치 베르트랑(Philppe Bertrand) ······ 311
파리스와 헬레네의 사랑 다비드(Jacques Louis David) ······ 312
제우스와 테티스 앵그르(Jean Auguste Dominique Ingres) ······ 315
테티스가 아기 아킬레스를 스틱스 강에 담그다 루벤스(Peter Paul Rubens) 316
죽어가는 아킬레우스 동상 ······ 317
아킬레우스의 승리 마치(Franz Josef Karl Matsch) ······ 319
오레스테스와 에리니에스 부그로(William Adolphe Bouguereau) ······ 320
칼카스와 이피게니아 ······ 322
레서 아이아스가 카산드라를 끌어내다 ······ 324
오디세우스와 페넬로페 티시바인(Johann Heinrich Wilhelm Tischbein) ······ 326
오디세우스와 페넬로페 프리마티초(Francesco Primaticcio) ······ 326
파이아케스인들의 나라를 떠나다 로랭(Claude Lorrain) ······ 327
오디세우스와 칼립소 뵈클린(Arnold Böcklin) ······ 328
텔레마코스와 칼립소 카우프만(Angelika Kauffnmann) ······ 329
오디세우스와 나우시카 마리오통(Jean Alfred Marioton) ······ 332
알키노오스 궁전의 오디세우스 하에즈(Francesco Hayez) ······ 334
폴리페무스 티시바인(Johann Heinrich Wilhelm Tischbein) ······ 337
폴리페무스 동굴에 들어간 오디세우스
에커스베르크(Christoffer Wilhelm Eckersber) ······ 337
오디세우스의 부하를 돼지로 만드는 키르케 ······ 339

오디세우스가 지옥에 있는 동안 테이레시아스가 등장하다
퓌슬리(Johann Heinrich Füssli) 340
세이렌 342
오디세우스와 세이렌 드레이퍼(Herbert James Draper) 343
세이렌 퓌치(Denys Puech) 344
스킬라와 카리브디스 사이의 오디세우스 퓌슬리(Johann Heinrich Füssli) 346
시논이 프리아모스 앞으로 끌려오다 350
트로이의 목마 티에폴로(Giovanni Domenico Tiepolo) 350
라오콘과 그의 아들들 하게산드로스, 아테노도로스, 폴리도로스(Hagesandros, Athenedoros, and Polydoros) 351
트로이에서의 탈출 바로치(Federico Barocci) 353
아이아네스가 앙키세스를 업고 트로이를 탈출하다
카를 반 루(Carle van Loo) 354
아에네아스 앞에 나타난 사냥꾼 비너스
피에트로 다 코르토나(Pietro da Cortona Pietro Berretini) 357
디오에게 트로이의 멸망에 대해 이야기하는 아이네이아스
나르시스 게랭(Pierre-Narcisse Guérin) 358
아이네이아스가 트루누스를 물리치다 조르다노(Luca Giordano) 359

1

우주와 대지,
그리고
생명의 시작

신화의 기원

우주의 탄생

고대 그리스의 시인 헤시오도스Hesiodos의 저서 『신들의 계보 *Theogonia*』(116행)[1]에는 혼돈Chaos을 우주에 "맨 처음으로 생긴 것"이라고 설명하고 있다. 로마의 작가 오비디우스Publius Naso Ovidius(B.C. 43~17)도 그의 대표작인 담시(譚詩, 중세 유럽에서 형성된 자유로운 형식의 짧은 서사시) 『변신 이야기*Metamorphoses*』[2](1권 5~9행)에 카오스를 바다와 대지, 그리고 하늘이 생겨나기 전 "정돈되지 않은 무더기", "생명 없는 무게이자 서로 어울리지 않는 사물의 수많은 씨앗이 서로 다투

1 헤시오도스(2003): 『신들의 계보』, 천병희 옮김, 도서출판 숲, 40쪽 참조. 이하 행으로 표시. 헤시오도스의 『신들의 계보』에는 우주 진화론과 신들의 계보가 정리되어 있다. 도서출판 숲에서 출간된 『신들의 계보』에는 「신들의 계보」, 「일과 날」, 「헤라클레스의 방패」, 「여인들의 목록」이 포함되어 있다. 이하 행으로 표시.

2 오비디우스의 『변신 이야기』는 15권으로 구분되어 있으며, '우주와 인간의 탄생'부터 '카이자르의 신격화'까지 총 250개 이상의 신화가 실려 있다. 오비디우스(2017): 『변신 이야기』. 천병희 옮김. 도서출판 숲. 이하 권차와 행으로 표시.

왓스(George Frederic Watts, 1817~1904): 카오스(1875). 런던 테이트 현대 미술관

며 한곳에 쌓여 있는 것"이라 설명하고 있다.

혼돈을 진화의 한 형태로 보고 있는 영국의 역사학자, 초상화가이자 조각가인 왓스는 1850년부터 우주의 발전을 표현할 벽화 시리즈를 만들 계획을 세웠다. 그는 자신의 작품 <카오스>에서 태초의 혼돈을 왼쪽에 있는 거인들이 불과 안개처럼 피어오르는 원시 시대의 증기 속에서 벗어나려는 모습으로, 오른쪽의 거인들은 땅에서 벗어나려는 모습으로 표현하고 있다. 작품의 오른쪽 아래에는 여성으로 보이는 작은 인물들이 연달아 이어져 가고 있는 모습이 보인다.

가이아와 우라노스

헤시오도스의 『신들의 계보』 중 「신들의 계보」(116~126행)에 따르면, 맨 처음 생긴 혼돈의 시대가 끝나고 대지의 여신 가이아Gaia라고 하는 여성성을 지닌 신과 잘 생긴 에로스Eros가 나타난다.

가이아는 우주와 대지의 창조자이자, 생명을 주는 자이다. 여기에서 에로스는 미의 여신 아프로디테Aphrodite, 로마에서는 비너스(Venus))의 아들이 아닌, 우주의 원초적 생식력을 뜻한다.

카오스에서 에레보스Erebos(혹은 Erebus(어둠))와 닉스Nyx(밤)가 태어나고, 에레보스와 닉스사이에서 대기의 신 아이테르Aither(창공), 낮의 신 헤메라Hemera, 타나토스Thanatos와 히프노스Hypnos(로마 신화의 솜누스(Somnus)에 해당된다)가 탄생하였다. 가이아는 별을 많이 지닌 우라노스Ouranos를 낳았다.

포이어바흐(Anselm Feuerbach, 1829-1880): 가이아(1875). 비엔나 미술아카데미

닉스는 분노의 여신 네메시스Nemesis와 불화의 여신 에리스Eris를 낳았고, 네메시스는 후에 헬레네Helene[3]를 낳았다. 다른 설은 제우스Zeus와 레다Leda가 결합하여 헬레네를 낳았다고도 한다. 아폴로도로스Apollodorus of Athens (B.C. 2세기 고대 그리스의 문법학자)의 『원전으로 읽는 그리스 신화』(요약권 3.2)에 따르면, 불화의 여신 에리스는 펠레우스Peleus와 테티스Tethys의 결혼식에 가장 아름다운 이를 위한 상으로 사과를 혼례식장에 놓아두었다. 이로 이해 트로이 전쟁이 일어났다.

독일의 화가 포이어바하의 작품 <가이아>는 위대한 여신 가이아의 모습을 표현하였다. 생명을 주는 여신 가이아가 대지의 여신이라는 것은 우주가 생물이라는 것을 의미한다.

히프노스와 타나토스

헤시오도스의 『신들의 계보』(758행 이하)에 밤의 신 닉스와 어둠의 신 에레보스의 아들인 잠의 신 히프노스와 죽음의 신 타나토스가 언급된다. 히프노스는 "대지와 바다의 넓은 등을 거닐되 얌전하고 인간들에게 상냥하지만", 타나토스는 "무쇠의 심장을 갖고 있어, 어떤 사람이든 일단 붙잡기만 하면 놓지 않는다"라고 묘사되어 있다.

고대 그리스의 작가 호메로스Homeros(B.C. 800(?)-B.C. 750)의 『일리아스Ilias』(X VI, 666행 이하)에도 히프노스와 타나토스가 등장한다.[4]

---

3 헬레네 부분 참조.

이때 구름을 모으는 제우스가 아폴론에게 말했다.
"사랑하는 포이보스여! 가서 날아다니는 무기들이 닿지 않는
곳으로 사르페돈을 끌어내어 검은 피를 닦아주도록 하라.
그런 다음 그를 멀리 데려가 흐르는 강물에 목욕시키고
신유를 발라주고 불멸의 옷들을 입혀주도록 하라.
그리고 나서 날랜 호송자들인 잠과 죽음에게 맡겨
이들 쌍둥이 형제가 그를 호송하게 하라.
그러면 그들이 그를 지체 없이 넓고 기름진 리키아 땅에
갖다 놓게 될 것인즉 그곳에서 형제들과 친척들이 무덤과 비석을
세워 장례를 치러줄 것이다. 그것은 사자들의 당연한 권리이니까."

제우스(로마에서는 유피테르(Jupiter))와 라오다메이아Laodamia의 아들인 사르페돈Sarpedon[5]은 트로이 전쟁에서 용감히 싸웠으나, 그리스 군대의 파트로클로스Patroclus에 의해 죽음을 당한 인물이다. 라오디메이아는 코린트Corinth의 영웅 벨레로폰Bellerophon의 딸이다.

제우스는 자식의 시신을 타나토스와 히프노스로 하여금 호송케하여 리키아Lycia[6]땅에 묻게 한다. 여기에서 나오는 포이보스Phoibos는 헬리오스의 별명으로 '빛나는 자'란 뜻이다. 아폴론(로마에서는 아폴로(Apollo))가 '포이보스 아폴론'이라 불리는 경우가 있는데, 이는 헬리오스의 별명이 아폴론에게 붙여졌기 때문이다.

---

4 호메로스(2008): 일리아드. 천병희 옮김. 도서출판 숲, 이하 권차와 행으로 표시.

5 제우스와 에우로페 사이에서도 사르페돈이 태어난다. 라오다메이아의 아들과 동명이인이다.

6 고대 그리스의 도시로 현재 터키의 안탈리아(Antalya)와 물라(Muğla)에 해당되는 곳이다.

에페소스의 아르테미스 신전에 새겨진
타나토스의 대리석 조각(B.C. 325~300)

워터하우스(John William Waterhouse, 1849~1917):
히프노스와 타나토스(1874)

에페소스Ephesus의 아르테미스 신전에 있는 타나토스는 날개와 검刀을 지니고 있다. 영국의 화가 워터하우스는 그리스 신화의 형제 히프노스와 타나토스가 나란히 앉아 눈을 감고 있는 모습을 표현하고 있다. 앞쪽의 밝은 배경에는 히프노스가 잠을 자면서 손에는 꿈을 꾸는 것을 상징하는 양귀비를 쥐고 있고, 뒤쪽의 어두운 배경에는 타나노스가 그려져 있다.

모르페우스

오비디우스의 『변신 이야기』(11권 633행 이하)에 모르페우스Morpheus에 대한 이야기가 나온다. 그는 히프노스의 아들이다. 혹은 닉스와 에레보스의 아들이라고도 한다. 그는 다양한 모습으로 변신이 가능하다. 그의 다양한 모습은 다음과 같이 묘사된다.

> 그는 인간의 모습을 교묘히 모방하는 자이다.
> 걸음걸이와 얼굴 표정과 말하는 목소리를 그보다
> 더 교묘하게 재현할 자는 달리 아무도 없다.
> 거기에다 그는 각자의 옷차림과 흔히 쓰는 말까지 덧붙인다.
> 그는 사람들만 흉내 내는데 반해, 둘째 아들은 야수가
> 되기도 하고, 새가 되기도 하고, 몸이 긴 뱀이 되기도 한다.
> 둘째 아들을 하늘의 신들은 이켈로스라고 부르고, 인간의 무리는
> 포베토르라고 부른다. 셋째 아들은 판타소스인데,
> 그는 또 다른 재주에 능하다. 그는 땅이나 바위나
> 물이나 나무나 온갖 무생물로 둔갑한다.

> 이들 꿈은 밤에 왕이나 장군에게 자기 모습을
> 드러내고, 다른 꿈들은 서민 대중들 사이에 출몰한다.
>
> (11권 633-645행)

오비디우스는 모르페우스가 일천 명이라고 말하고 있다. 히프노스의 둘째 아들 이켈로스Icelus (혹은 포베토르(Phobetor))는 모르페우스의 형제이다. 포베토르는 꿈속에 짐승이나 야수로 등장하는 것을 말하며, 의인화된 악몽이다. 히프노스의 셋째 아들 판타소스Phantasos는 초현실적 꿈의 신을 의미한다. 호메로스의 『일리아스』(2권 1-35행)에도 꿈이 등장한다.

> 그리하여 꿈이 재빨리 아카이오이족의 함선들이 있는 곳으로 가서
> 아트레우스의 아들 아가멤논을 찾아가보니, 그는 막사에서
> 자고 있었던 바, 그 주위에는 신성한 잠이 쏟아지고 있었다.
> 꿈이 넬레우스의 아들의 모습을 하고 그의 머리맡에 서니,
> 네스토르는 원로들 중에서 아가멤논이 가장 존중하는 사람이었다.
> 바로 이 사람의 모습을 하고 꿈의 신은 그를 향해 말했다.
> (......)
> 이제야말로 그대가 트로이아인들의 길 넓은 도시를 빼앗을 때가
> 되었음이요.

제우스가 꿈으로 하여금 아카이오이Achaea[7]족의 아가멤논Agamemnon에게 가서 트로이와 전쟁을 하도록 한다. 여기에서 나오는 네스

---

7 고대 그리스의 한 지방의 이름.

레스투(Jean-Bernard Restout, 1732~1797): 모르페우스(1771).
미국 클리블랜드 미술관.

토르Nestor는 넬레우스Neleus의 아들로 호메로스의 『오디세이아 Odysseia』(17권 108행)에 등장한다. 텔레마코스Telemachus는 아버지 오디세우스Odysseus(로마에서는 율리시즈(Ulysses))의 안부를 물어보려 네스토르에게 갔는데, 그는 필로스Pylos[8]의 현명한 왕으로 표현된다.

호메로스의 『일리아스』(11권 625~626행)에는 네스토르는 트로이 전쟁에서 그리스군에서 가장 나이가 많고 현명한 책략가로 등장된다. 『일리아스』(11권 798~800행)에 네스토르는 파트로클로스에게 아킬레우스Achilleus(영어 표기로는 아킬레스(Achilles))의 무구를 쓰고 나가 싸우면, 트로이인들은 용감한 아킬레우스가 전투에 참

8 이탈리아에서는 나바리노(Navarino)라는 지역명으로, 그리스 유적이 있다.

여한 것으로 알고 두려워할 것이라며 파트로클로스를 설득한다.[9]

프랑스의 화가 레스투가 그린 <모르페우스>는 날개를 가지고 있으며, 손 밑에는 양귀비가 보인다. 고대 그리스에서는 양귀비 씨앗이 수면제로 이용되었다.

가이아와 폰토스

네레우스, 타우마스, 포르키스, 케토, 에우리비아

고대 그리스의 문법학자인 아폴로도로스의 『원전으로 읽는 그리스 신화』[10](1권 2.6)[11]와 헤시오도스의 『신들의 계보』(233~239행)에 가이아와 폰토스Pontus(Pontos)의 자녀들이 언급된다. 가이아는 배우자 없이 낳은 아들인 바다의 신 폰토스와 결합하여, 바다의 신 네레우스Nereus, 타우마스Thaumas, 포르키스Phorcys, 케토Ceto, 그리고 에우리비아Eurybia를 낳았다.

네레우스는 보통 현명하고 온화하기 때문에 호메로스의 『일리아스』(1권 358, 538, 556행, 18권 141, 20권 107행, 24권 562행)에 '바다의 노인'이라 불린다. 그는 예언력과 변신 능력이 있다.

---

9 파트로클로스 참조.

10 이 책의 필사본에는 아폴로도로스의 『도서관(*Bibliotheca*)』이란 제목이 붙어있다. 즉, 그리스 신화의 신들과 영웅들의 이야기의 개요서라는 뜻이다.

11 아폴로도로스(2017): 원전으로 읽는 그리스 신화. 천병희 옮김. 도서출판 숲. 이하 권차와 행으로 표시.

폰토스: 루마니아의 콘스탄차 박물관.

타우마스와 포르키스, 그리고 케토: 아킬라에 있는 트라야누스 황제의 욕조. 튀니스의 바르도 국립 박물관.

그는 도리스와 결혼하여, 50명(100명이라는 설도 있다)의 네레이데스Nereides를 낳는다. 타우마스Thaumas도 바다의 신으로, 바다의 경이로움을 뜻한다. 에우리비아는 위협적인 바다를 의미한다.

아킬라Aquileia[12]에 있는 트라야누스Marcus Ulpius Crinitus Trajanus 황제(53~117)의 욕조에는 가운데가 포르키스, 왼쪽에 타우마스(혹은 트리톤), 그리고 오른쪽에 케토가 있다.

키클롭스와 헤카톤케이레스, 그리고 12(13)명의 티탄

3명의 키클롭스와 3명의 헤카톤케이레스

헤시오도스의 『신들의 계보』(139~153행)에 따르면 가이아와 우라노스가 처음에 낳은 자식들은 눈이 하나인 키클롭스Cyclop 삼형제와 팔이 100개, 그리고 머리가 50개 달린 헤카톤케이레스Hecatoncheires 삼형제이다. 세 명의 키클롭스는 각각 천둥을 관장하는 브론테스Brontes, 벼락을 맡은 아르게스Arges, 번개를 관장하는 스테로페스Steropes이다. 세 명의 헤카톤케이레스는 세 명의 기가스Gigas[13], 즉 코토스Kothos, 브리아레오스Briareos (혹은 인간들은 아이가이온(Aigaion)이

---

12 이탈리아 북부 아드리아해 북부에 있는 항구도시로 로마에 의해 건설된 도시. 로마 시대의 암피테아터, 공공 욕장과 기독교 성당 등이 있음.

13 기가스(Gigas): 헤카톤케이레스 중 한 사람을 일컫는 것.

라 하고, 신들은 브리아레오스라 부른다)이다. 그 중 한 명인 브리아레오스는 제우스를 도와 올림포스Olympos (혹은 올림푸스(Olympus))[14] 신들이 이기도록 도와주었다.

로마의 대시인 베르길리우스Publius Vergilius Maro(B.C. 70~B.C. 19)의 장편 서사시 『아이네이스Aeneis』(X, 565~567행)[15]에서 백 개의 팔과 손을 가진 아이가이온이 입과 가슴에서 불을 내뿜으며, 올림피아Olympia[16] 신들에 대항해서 싸우는 것이 묘사된다.

헤카톤케이레스: 1890년대 정치만화.

---

14 올림포스(Olympos): 현재 지명은 무라(Myra)인 리키아(Lycia)에 있는 고대도시 올림포스산은 제우스, 헤라, 포세이돈, 데메테르, 아테나, 아폴론, 아르테미스, 아레스, 아프로디테, 헤파이스토스, 헤르메스, 헤스티아, 디오니소스 등의 12신이 살고 있는 산이다.

15 베르길리우스(2007): 아이네이스. 천병희 옮김. 도서출판 숲, 이하 권차와 행으로 표시.

16 올림피아는 제우스의 신전이 있는 곳으로, 펠로폰네소스(Peloponnesos) 반도의 서북부에 있다.

1890년의 정치만화에서는 헤카톤케이레스를 자본주의에서 노동 문제가 야기하는 여러 가지 위협요소를 은유적으로 묘사하는데 사용되었다.

티타네스와 티타니데스

티타네스

아폴로도로스의 『원전으로 읽는 그리스 신화』(Ⅰ,1.3)에 따르면, 가이아와 우라노스 사이에는 많은 자식들이 태어났는데, 이들은 '티탄Titan 족Titanes'이라 한다. 열두 명의 티탄네스 가운데 맏형에 해당하는 오케아노스Oceanus는 '거대한 대양'을 뜻한다. 그리고 '하늘 덮개'를 뜻하는 코이오스Koios(혹은 Coeus, 로마에서는 폴루스(Polus)), '높은 곳을 달리'는 의미의 히페리온Hyperion, 크리오스Crius, 이아페토스Iapetus, 크로노스Cronuss(로마에서는 사투르누스(Saturnus))가 있다.

이아페토스는 아틀라스Atlas, 프로메테우스Prometheus와 에피메테우스Epimetheus의 아버지이다. 티탄 중에는 크로노스와 레아Rea가 있는데, 이들이 나중에 올림포스의 신들을 낳았다.

로마의 트레비 분수는 이탈리아 건축가인 살비Nicola Salvi(1697-1751)에 의해 설계되었고, 살비가 트레비 분수가 완성되기 전에 사망했기 때문에 판니니Giuseppe Pannini(1720-1762)에 의해 1752년 완성되었다. 작품의 가운데에 있는 오케아노스가 해마가 끄는 이륜차를 몰고 있다. 그 주위에는 트리톤들이 함께 하고 있다.

오케아노스: 로마의 트레비 분수.

오케아노스(로마 진실의 입(Bocca della Verita)).
산타마리아 인 코스메딘 교회 입구의 벽면에 있는 대리석 가면.

포룸 보아리움에 있는 정복자 헤라클레스의 신전.

로마에 있는 산타마리아 코스메딘 교회Basilica di Santa Maria in Cosmedin 입구의 벽면에 있는 가면은 '진실의 입'이라고 알려져 있다. 영화 <로마의 휴일 속에 거짓말을 말한 사람은 이 입에 손을 넣으면 잘린다는 이야기가 언급되었다. 지금도 수많은 관광객들이 영화에서처럼 가면의 입에 손을 넣고 사진을 찍으려고 줄을 서서 기다리고 있다. 그러나 이것은 로마 사람들이 만들어낸 이야기이다. 이 얼굴은 오케아노스의 얼굴로 근처에 있는 '정복자 헤라클레스의 신전'의 하수구 뚜껑으로 사용되었다.

정복자 헤라클레스의 신전이 있던 곳은 원래 포룸 보아리움Forum Boarium으로, 이곳은 로마 제정시대와 제국시대에 있던 음식 시장이다. 진실의 입은 판테온처럼 윗부분에 구멍이 뚫려 있어 내부에 물이 고일 때, 물을 뽑아내기 위해 사용되었다고 한다. 그리고 가죽을 파는 상인들이 헤라클레스 신에게 바쳐진 동물들의 피를 뽑아내기 위해서도 사용되었다고 한다. 이 하수구 뚜껑은 13세기에 산타마리아 코스메딘 교회 벽면에 배치되었고, 17세기에 현관 안에 전시되었다.

티타니데스

헤시오도스의 『신들의 계보』(134~136행)에는 티탄의 여섯 명의 자매 티타니데스Titanides의 탄생이 언급된다. 아폴로도로스의 『원전으로 읽는 그리스 신화』(1권 1.3)에 따르면 티타니데스는 7명이고, 디오네Dione가 첨가되었다.

테티스는 물의 여성적 풍요를 상징한다. 그녀는 미모가 아름다워 제우스와 포세이돈Poseidon(로마의 넵투누스(Neptunus), 영어식으로는 넵튠(Neptune))이 그녀를 사이에 두고 싸움을 벌일 정도였다. 그러나 그녀가 낳은 아들이 아버지보다 강력해질 것이라는 예언에 두 신은 테티스를 포기하였다고 한다.

테티스는 인간인 펠레우스와 결혼하여 아킬레우스를 낳는다. 아킬레우스는 트로이 전쟁 중 가장 위대한 장군이다. 그녀는 후에 오케아노스와 결혼하여 바다와 강의 어머니가 되었다. 테티스 동상은 로마의 알바니 궁전에 있는데, 이 작품은 카바체피에 의해 1765년 복원된 것이다. 여신의 발밑에 배와 바다가 보인다.

테티스 동상: 바르톨로메오 카바체피 (Bartolomeo Cavaceppi, 1716~1799)에 의해 알바니 궁전에서 복원됨. 파리 루브르 박물관.

테미스 동상: 호주의 퀸즐랜드주, 브리스베인의 Goergestreet에 있는 법원에 위치.

살바토르 로사
(Salvator Rosa, 1615~1673):
아스트라이아가
지구를 떠나다(1665).
빈 미술사박물관.

테미스Temis는 이치, 규율, 정의와 신탁, 그리고 예언의 여신이다. 제우스의 두 번째 아내로 법과 질서, 이치의 여신으로 저울과 칼을 들고 있는 모습으로 등장한다. 법원에서 테미스의 동상을 많이 볼 수 있다.

헤시오도스의 『신들의 계보』(900~905행)에 따르면 테미스는 계절의 여신인 호라이Horai, 즉 에우노미아Eunomia, 디케Dike, 에이레네Eirene의 세 자매와 운명의 여신 모이라이Moriai(로마에서는 파르카이

(Parcae)), 클로토Clotho, 라케시스Lachesis와 아트로포스Atropos의 세 자매, 그리고 정의의 신 아스트라이아Astraea를 낳았다.

로세티(Dante Gabriel Rosetti, 1828~1882): 므네모시네. 기억의 등불 혹은 추억. 워싱턴 델라웨어 미술관.

오비디우스의 『변신 이야기』(1권 149-150행)에는 철의 시대에 이르러 인간들이 전쟁을 일삼자 많은 신들이 지구를 떠났지만, 아스트라이아는 끝까지 정의를 호소하다 마지막으로 지구를 떠났다고 한다. 그 외에 기억의 여신 므네모시네Mnemosyne, 포이베Phoebe, 빛의 여신 테이아Theia가 있다.

이탈리아 화가 로사의 <아스트리아>는 정의의 여신 아스트리아가 지구를 떠나기 전에 인간에게 자신의 속성인 저울을 주는 모습을, 영국의 시인, 삽화가이자 화가인 로제티는 기억의 여신을 기억을 상징하는 등불을 들고 있는 모습으로 형상화하였다.

우라노스와 티탄족의 반란

헤시오도스의 『신들의 계보』(155-166행)에 따르면, 우라노스는 자신이 낳은 키클롭스와 헤카톤케이레스를 싫어해서, 지하세계의 깊은 곳인 타르타로스Tartaros에 던져 버려 눈에 띄지 않게 하였다. 이에 화가 난 가이아는 강철로 만든 낫 아다마스Adamas(혹은 하르페(Harpe)라고 함)를 크로노스에게 주어 우라노스를 해치려 하였다. 이 검은 칼날 한 쪽에 낫모양의 돌출부가 있다. 후에 페르세우스Perseus가 들고 있는 검에도 하르페를 볼 수 있다.

아폴로도로스의 『원전으로 읽는 그리스 신화』에는 오케아노스를 제외한 모든 티탄족이 우라노스를 공격했고, 크로노스가 나타나 아버지 우라노스의 남근을 잘라버리고, 고환을 바다

조르쥬 바사리(Giorgio Vasari, 1511~1578)와 제라디(Chritofano Gheradi, 1508~1556): 거대한 낫으로 아버지 우라노스를 거세하는 크로노스(1560). 피렌체의 팔라초 베키오.

로 던진다고 한다. 이때 흐르는 핏방울에서 복수의 여신인 알렉토Alecto, 티시포네Tisiphone와 메가이라Megaera가 태어났다. 이들을 모두 복수의 여신 에리니에스Erinyes (혹은 에리니스(Erinys))라고 한다.

이탈리아의 화가 바사리와 제라디의 작품 <거대한 낫으로 아버지 우라노스를 거세하는 크로노스>에 큰 낫을 들고 있는 이는 크로노스이고, 쓰러져 있는 이는 우라노스이다. 뒤편에 있는 천구天球는 하늘의 신 우라노스를 상징한다.

크로노스와 레아

헤시오도스의 『신들의 계보』(453~458행)에 크로노스와 레아Rhea의 자식들에 대한 언급이 나온다. 아버지 우라노스의 남근을 잘라버린 크로노스는 레아와 결합하여 부엌(화로)을 지키는 헤스티아Hestia (로마에서는 베스타(Vesta))를 낳았다. 그리고 포세이돈, 하데스Hades(로마의 플루토(Pluoto)), 헤라Hera(로마에서는 유노(Juno)), 데메테르Demeter

(로마에서는 케레스(Ceres)), 그리고 제우스가 태어났다. 크로노스는 시간, 즉 세월을 의미한다. 이것이 그가 종종 모래시계와 함께 그려지는 이유이다.

아폴로도로스의 『원전으로 읽는 그리스 신화』(Ⅰ,1.5)에 따르면, 가이아와 우라노스는 크로노스도 자식에 의해 권좌에서 추출될 것이라고 예언을 하였다. 크로노스는 자신의 지배권을 빼앗기지 않기 위해 태어나는 헤스티아, 데메테르, 헤라, 하데스와 포세이돈을 모조리 삼켜버렸다. 헤시오도스의 『신들의 계보』(485~486행)에 따르면, 레아는 크로노스에게 돌덩이를 포대기에 싸서 아기라고 속이고 삼키게 하였다.

크로노스는 그리스 시대에는 우라노스와 제우스 사이의 시대에 있는 중개자 역할로 이해하고 있다. 그러나 로마 시대에는 사투르누스는 더욱 많은 존경을 받았다. 고대 로마에서 크로노스

포로 포마노 안에 있는 크로노스(사투르누스) 신전. 4세기.

(사투르누스)를 섬기는 '사투르날리아Saturnalia'라는 축제가 거행되고, 포로 로마노Foro Romano (로마 공회정) 안에 크로노스의 신전이 세워졌다.

포로 로마노에 있는 크로노스의 신전은 앞부분의 현관, 8개의 기둥, 그리고 페디먼트pediment 만이 남아 있다. 루벤스의 작품 <크로노스가 자신의 아이를 잡아먹다>의 맨 위에 보이는 별들은 토성과 주위에 있는 별들을 의미한다.

미냐르(Pierre Mignard, 1612~1695): 시간이 큐피드의 날개를 다듬다(1694). 덴버 미술관.

루벤스(Peter Paul Rubens, 1577~1640):
크로노스가 자신의 아이를 잡아먹다(1636~1638).
마드리드 프라도 미술관.

어린 시절의 제우스와 '풍요의 뿔'

레아는 아기 제우스를 님프 아드라스테이아Adrastea에게 맡겼다. 헤시오도스의 『신들의 계보』(483-484행)에 따르면 그녀는 제우스를 아이가이온Aigaion산[17]에 맡겨 감추어두고 키웠다. 이때 제우스는 아말테이아Amalthea (제우스를 키우는 요정의 이름이 '아말테이아'라 하기도 하고, '아말테이아'라는 요정이 암염소로 변했다는 설도 있다) 라는 암염소의 젖을 먹고 자랐다.

레아가 크로노스에게 강보에 싸인 돌을 주다. 로마 카피톨리니 박물관.

---

17 이 산을 고트마운틴(Goat Moutain, 염소산)이라고 한다.

아말테이아의 젖을 먹으면 특별한 힘과 능력을 가진다고 한다. 유모는 염소의 뿔을 잘라 신에게 바쳤다. 그리스 신화에서는 이를 '아말테이아의 뿔'이라 하고, 로마 신화에서는 풍요의 뿔을 '코르누코피아Cornucopia'라고 한다. 이 아기가 후에 신들의 아버지인 제우스가 된다. 제우스가 태어난 크레테Crete (라틴어로는 크레타(Creta)) 섬은 미노아Minoa 문명의 중심지가 된다.

플랑드르의 화가 루벤스의 그림 속 여인의 무릎에 놓여 있는 긴 바구니가 바로 '풍요의 뿔'을 의미한다. 긴 바구니에서는 과

루벤스(Peter Paul Rubens, 1577~1640): 풍요. 도쿄 국립서양 미술관.

요르단스(Jacob Jordaens, 1593~1678): 제우스의 어린 시절(1630~1635).
파리 루브르 박물관.

일들이 밖으로 떨어져 내리고 있다. 두 명의 푸토Putto[18]가 밖으로 떨어져 버린 과일을 줍고 있다. 여인의 발밑에 있는 주머니는 자연의 풍요로움과 대조를 이루는 물질적인 보물을 뜻한다. 트레비 분수의 오케아노스 동상 오른편에 있는 여신도 풍요의 뿔을 들고 있다. 플랑드르의 화가 요르단스가 어린 제우스가 염소의 젖을 먹는 장면을 그리고 있다.[19]

---

18 이탈리아어로 단수는 푸티(putti)로 보통 푸토로 쓰인다. 남자아이란 의미로, 벌거벗거나 날개달린 모습으로 등장한다. 바로크 시대에는 신이 등장할 때 나타났고, 르네상스 시대에는 제단이나 묘를 장식하는 요소로 등장한다. 큐피드를 대표하는 푸토는 아모리노(amorino)라 한다.

19 풍요의 뿔 참조.

티탄의 후손들

메티스, 티케, 스틱스

헤시오도스의 『신들의 계보』(355~362행)에는 오케아노스와 테티스 사이에 태어난 자식들에 대한 언급이 있다. 그중 대표적인 여신들은 지혜의 여신 메티스Metis, 행운의 여신 티케Tyche (로마에서는 포르투나(Fortuna)), 그리고 스틱스Styx 등이다. 행운의 여신인 티케는 그리스 시대의 동전에 많이 등장한다. 그녀의 상징은 코르누

티케: 안티오크의 티케.
에우티키데스(Eutychides) 작품의 모사본.
바티칸 박물관의 촛대의 방.

코피아이다. 안티오크[20]의 티케의 발밑에는 강의 신 오론테스Orontes가 있다. 오론테스와 티케는 안티오크를 상징한다. 오론테스도 오케아노스와 테티스의 자식이다. 티케가 손에 들고 있는 것은 밀이다. 스틱스(Styx, '증오'라는 뜻)는 아케론Acheron이라고도 한다. 아케론(비애라는 의미를 지닌다)은 저승 앞을 흐르는 강의 신이다. 뱃사공 카론Charon(Kharon)은 스틱스 강을 건네주는 사공이다.

베르길리우스의 『아이네이스』(6권 298~303행)에 카론이 등장한다. 아이네아스Aeneas는 쿠마이Cumae[21]의 예언녀 시빌레Sybille[22]에게로 가, 아버지가 계시는 명부로 내려가고 싶다고 청하였다.

도레(Gustave Dore, 1832~1883):
뱃사공 카론이
영혼을 지옥으로 데려가다(1880).
단테의 『신곡』의 삽화.

---

20 터키의 남부에 있는 도시.

21 이탈리아의 남부 캄파니아 주 시칠리아에서 19km 떨어진 곳에 위치한 그리스 고대 도시. 특히 예언녀 시빌레가 가장 유명하다.

22 시빌레 참조.

그녀의 도움으로 아이네아스는 지옥으로 향하였다. 지옥의 길목에서 그는 "백발이 덥수룩하고 눈에 불을 켜고" 망자들을 건네주는 뱃사공 카론을 만났다.

이탈리아의 시인 단테[23]Durante degli Alighieri(1265~1321)의 『신곡*La Divina Commedia*』의 「지옥편*Inferno*」(3권 82~99행)에도 뱃사공 카론은 "흰 머리 노인", "털복숭이"로 묘사되어 있다. 프랑스 화가이자 삽화가 도레의 그림은 단테의 『신곡』의 삽화로 뱃사공 카론이 영혼을 케이론 강을 지나 지옥으로 데려가는 장면을 묘사하고 있다.

젤로스, 니케, 크라토스, 비아, 아스테리아, 레토

아폴로도니스의 『원전으로 읽는 그리스 신화』(1권 2.2)에 스틱스와 지혜의 신 팔라스Pallas의 결합에 대해 나온다. 그 둘 사이에서 질투의 여신 젤로스Zelus, 승리의 여신 니케Nike(로마에서는 빅토리아(Viktoria). 영어로는 'Victory'), 크라토스Kratos와 비아Bia(힘, 권력)가 태어났다. 이들은 고대 그리스의 극작가 아이스킬로스Aeschylos (B.C. 525~B.C 456)의 『결박된 프로메테우스』의 도입부분에 등장한다.

제우스의 명령을 받아 크라토스와 비아는 마음이 약한 헤파이스토스로 하여금 프로메테우스를 묶도록 종용한다.[24] 니케는

23 단테 알리기에리(2018): 『신곡』 지옥편. 박상진 옮김. 민음사. 이후 권차와 행으로 표시.

24 아이스킬로스(1968): 『결박된 프로메테우스』. 김세영 옮김. 현암사. 26쪽.

보통 커다란 날개가 있는 모습으로 나타나기도 하며, 종종 아테나Athena(혹은 아테네(Athene), 로마 신화에서는 미네르바(Minerva))와 혼동되기도 한다.

헤시오도스의 『신들의 계보』(404-409행)에 레토Leto(로마에서는 라토나(Latona))와 아스테리아Astreria의 탄생에 대해 언급된다. 그들은 코이오스와 포이베사이에서 태어났다. 레토는 크로노스와 제우스의 싸움에도 참여하지 않았다.

아폴로도로스의 『원전으로 읽는 그리스 신화』(1권 4.1)에는 레토와 제우스와의 결합에 대한 이야기가 나온다. 레토는 제우스와 아폴론과 아르테미스Artemis(로마에서는 디아나(Diana))를 낳았다. 아스테리아는 '별이 빛나는 하늘'이라는 뜻이다.

포치(Francesco Pozzi, 1750-1805): 아폴론과 아르테미스와 함께 있는 레토(1824). 채스워스 하우스. 영국 더비셔에 있는 저택.

루브르 박물관에 있는 <사모트라케의 승리의 여신 니케>는 B.C. 331년에서 323년에 완성된 고대 그리스 작품으로 추정된다. 1863년 프랑스 부총독 샤를 샹프아조Charles Champoiseau가 에게해의 작은 섬 사모트라케에서 발견한 것이라 '사모트라케의 니케'라 한다.

니케는 거인 기간테스와 올림포스의 신들의 전쟁에서 제우스 편을 들면서 승리의 여신이라는 칭호를 얻게 된다. <사모트라케의 승리의 여신 니케>의 니케상에는 머리와 팔이 없다.

사모트라케의 니케.
파리 루브르 박물관.

팔라스, 헬리오스, 셀레네, 에오스

헤시오도스의 『신들의 계보』(375-376행)에 크리오스와 바다의 여신 에우리비아와 결합에 대한 이야기가 나온다. 그들은 황혼의 신 아스트라이오스Astraeus, 지혜의 신 팔라스, 그리고 페르세스Perses를 낳았다. 팔라스는 기간테스Gigantes 중의 한 명이다. 아폴로도니스의 『원전으로 읽는 그리스 신화』(1권 6.2)에 그의 죽음에

왼쪽 : 리치(Sebastiano Ricci, 1659-1734): 셀레네와 엔디미온(1713). 런던 치즈윅 하우스.
오른쪽 위 : 멩스(Anton Raphael Mengs, 1729-1779): 태양으로 의인화된 헬리오스(1765). 마드리드 몽클로아 궁전.
오른쪽 아래 : 셀레네. 로마시대의 관.

대한 이야기가 나온다. 그는 기간테스와 올림포스 신들 사이에서 벌어진 전쟁에서 아테나 여신에 의해 죽음을 맞이하였다.

아테나는 그의 가죽을 벗겨, 전투에서 자신의 몸을 보호하기 위해 사용하였다. 그 후로 아테나는 팔라스 아테나란 이름으로 불린다. 히페리온과 그의 누이인 빛의 여신 테이아Theia 사이에 태양의 신 헬리오스Helios, 달의 여신 셀레네Selene, 새벽의 여신 에오스Eos (로마에서는 아우로라(Aurora))가 태어났다.

아폴론과 동일시되는 헬리오스와 마찬가지로 셀레네는 아르테미스와 동일시된다. 셀레오의 별칭은 포이베이다. 그녀를 묘사할 때, 베일과 초승달, 성화가 등장한다.

이탈리아의 화가 구에르치노의 <아우로라>는 루도비시 궁Casino di Villa Boncompagni Ludovisi ('Villa Aurora'로 알려져 있다)의 중심에 위치해 있다. 마차에 탄 새벽의 신 에오스(아우로라)가 아침 햇살 속에 그녀의 승리의 전차를 타고 나타나고 있다.

구에르치노의 <아우로라>는 귀도 레니의 로스피리오스 별장Villa Pallavicini-Rospigliosi의 프레스코화 <아우로라>를 의식한 것이었다. 독일의 화가 멩스의 <태양의 의인화로서의 헬리오스>는 황금 머리칼을 가진 헬리오스를 태양신 혹은 태양으로 의인화하여 묘사하였다.

구에르치노(Guercino, 1591~1666): 새벽의 여신 아우로라(1621~1623). 로마 루도비시 별궁.

레니(Guido Reni, 1575~1642): 아우로라(1612~1614). 로스피리오스 별장

아틀라스, 메노이티오스, 프로메테우스, 에피메테우스

헤시오도스의 『신들의 계보』(505~525행)에 이아페토스Iapetus와 클리메네Clymene의 자식들인 아틀라스, 메노이티오스Menoetius, 프로메테우스, 에피메테우스에 대한 이야기가 나온다.

아틀라스

오비디우스의 『변신 이야기』(2권 296~297행 참조)[25]에 따르면, 전쟁에서 진 티탄족은 땅 속 깊은 곳에 갇히게 되었다. 티탄족 중 아틀라스는 제우스로부터 영원히 하늘의 축을 떠받치고 있어야 한다는 벌을 받게 되었다.[26] 아틀라스가 하늘을 받치고 있으므로, 하늘과 땅의 불안정한 상태는 영원히 끝나게 된다.

아틀라스: 파르네세 콜렉션.
나폴리 국립 고고학 박물관.

25 유재원(1998): 그리스 신화의 세계. 현대문학, 40쪽 참조.

26 티탄족과의 전쟁 참조

오비디우스의 『변신 이야기』(4권 632-659행)에는 아틀라스의 또 다른 이야기가 있다. 페르세우스가 아틀라스의 영토에 나타나 그에게 환대를 요청하며, 자신의 아버지가 제우스라고 한다.

아틀라스는 제우스의 아들이 나타나, 아틀라스의 나무에서 황금 사과를 약탈하는 일이 발생할 것이라는 테미스의 신탁을 생각해냈다. 아틀라스가 거절하고 페르세우스를 밀어내자, 그는 메두사Medusa의 얼굴을 내밀었다. 그러자 아틀라스의 머리는 산꼭대기가 되고, 뼈는 돌이 되었다.

나폴리 국립 고고학 박물관에 전시되어 있는 아틀라스는 천구를 들고 있다. '파르네세 콜렉션'은 추기경 알렉산드로 파르네세Alexandro Farnese (1520-1589)의 수집품을 의미한다. 여기에서 말하는 천구는 알렉산드리아의 천문학자이자, 수학자인 프톨레마이오스Ptolemaeus에 의해 구분된 그리스 시대의 별자리를 의미하고 있다.

메노이티오스

메노이티오스는 티탄족의 편을 들었다. 제우스는 벼락을 쳐서 메노이티오스를 저승인 에레보스로 내려 보냈다. 그의 이름 'Menos'는 'might'(힘)의 뜻이고, 'Otios'는 'doom'(불행한 운명을 맞다)의 뜻이다. 즉 'doomed might'으로 '불행한 운명을 맞은 거인'이란 뜻으로 해석된다.

프로메테우스

아폴로도로스의 『원전으로 읽는 그리스 신화』(1권 7.1)에 따르면 프로메테우스는 물과 흙으로 인간을 빚은 다음, 제우스 몰래 회향풀의 줄기에 감춰두었던 불을 인간들에게 주었다. 제우스는 이 사실을 알고 대장장이의 신 헤파이스토스Hephaistus (로마에서는 불카누스(Vulcan))에게 프로메테우스를 스키티아Scythia[27] 땅에 있는 코카서스Kaukasos 산에다 꽁꽁 묶어 놓도록 명령했다.

아담(Nicolas-Sébastien Adam, 1705~1778): 결박된 프로메테우스(1762). 파리 루브르 박물관

---

27 흑해 지방.

프로메테우스는 여러 해 동안 그곳에 묶여 있었는데, 날마다 제우스의 상징인 독수리가 그의 간을 먹어 치웠다. 그러나 밤이 되면, 간은 도로 자라났다. 후에 헤라클레스가 그를 풀어주었다.

프랑스의 조각가 아담은 <묶인 프로메테우스>에서 팔은 사슬로 묶여 있고, 얼굴은 고함을 치며 하늘을 향하고, 독수리에게 간을 쪼아 먹히는 죽음과의 사투를 벌이는 프로메테우스의 모습을 표현했다.

에피메테우스

헤시오도스의 『신들의 계보』 중 「일과 날」(85~105행)에 에피메테우스와 판도라에 대한 이야기가 나온다. 에피메테우스는 프로메테우스의 동생으로, '뒤늦게 생각하는 자'란 뜻을 담고 있다. 프로메테우스가 '현명한 자'로 불리는 대신에 에피메테우스는 '어리석은 자'라 칭해지고 있다. 그는 판도라Pandora와 결혼을 하였다.[28]

르네상스의 화가 바나소네는 에피메테우스가 판도라의 상자를 연 것으로 해석하여 동판화를 만들었다. 그가 상자의 뚜껑을 열자, 모든 미덕을 상징하는 여인들이, 즉 안전, 조화, 공정, 자비, 자유, 행복, 평화, 가치와 즐거움이 날아가고 있다. 마지막에 남은 희망이 꽃을 높이 들고 있다.

---

28 판도라 참조.

파리네티(Paolo Farinati, 1524~1606):
판도라가 에피메테우스에게
항아리를 건네다(16세기).

바나소네(Guillio Banasone, 1498~1574):
에피메테우스가 판도라의 상자를 열다.
메트로폴리탄 박물관

헬리오스와 파에톤

오비디우스의 『변신 이야기』(1권 750~779행)에 파에톤Phaeton의 이야기가 나온다. 파에톤은 친구인 에파푸스Epaphus에게 자신의 아버지가 헬리오스라고 주장하다 모욕을 당했다. 파에톤은 어머니 클리메네에게 자신의 아버지를 확인하고 아버지에게 찾아갔다.

오비디우스의 『변신 이야기』(2권 1~339행)에는 파에톤은 아버지 헬리오스를 만나 자신의 출생을 확인하고, 아버지의 마차와 발에 날개가 달린 말을 하루 동안 쓸 수 있는 권리를 획득했다. 그는 헬리오스의 마차를 몰지만, 마차를 제어할 수 없게 된다.

요한 리스
(Johann Liss, 1597~1631):
파에톤의 추락(1624).
런던 내셔널 갤러리.

태양신의 마차는 온통 대지, 강물 그리고 바다까지도 화염에 휩싸이게 하였다. 제우스는 이를 막기 위해 파에톤에게 벼락을 쳤다. 파에톤은 추락하여 죽음을 맞이한다.

네덜란드의 화가 리스는 작품에서 왼쪽에는 놀라고 있는 요정들을, 오른쪽에는 헬리오스의 자식들(헬리아데스(Heliades))이 파에톤의 죽음을 슬퍼하고 있는 모습을 표현하고 있다.

그 외 티탄 신족의 후손

에오스와 아스트라이오스

에오스는 티탄신족의 일원인 아스트라이오스Astraeus와 결혼하여 바람의 신들인 아네모이Anemoi, 즉 북풍 '보레아스'Boreas, 남풍 '노토스'Notus, 동풍 '에우로스'Eurus, 서풍 '제피로스'Zephyrus (로마에서는 'Favonius', 영어로는 'Zephir')를 낳았다.

보레아스와 오레이티이아

오비디우스의 『변신 이야기』(6권 675-721행)에 북풍 보레아스의 결혼 이야기가 나온다. 보레아스는 아테네의 왕 에렉테우스Erechtheus의 딸 오레이티이아Orithyia에게 혼인을 사정했지만, 이루어지지 않았다. 그는 야만성과 폭력이 자신의 무기인 것을 알고는 날갯짓으로 온 대지에 세찬 바람이 일게 하였다. 그는 두려움에 사로잡힌 오레이티이아를 납치하였고, 둘 사이에 칼라이스Calais와 제테스Zetes란 쌍둥이 아들이 탄생한다. 쌍둥이 형제는 날개를 가지고 있으며, 보레아스의 아들 보레아다이Bboreadae라 불린다.

이탈리아의 화가 솔리메나는 보레아스가 오레이티이아를 납치하는 순간을 형상화하고 있다. 날아다니는 에로스Eros (로마에서는 아모르(Amor), 영어로는 큐피드(Cupid))는 보레아스의 사랑을 의미한다.

솔리메나
(Francesco Solimena,
1657~1747):
오레이티이아의 납치(1729).
아제르바이잔 국립 미술관.

제피로스, 클로리스, 카르포스

프랑스의 화가 부그로의 <플로라와 제피로스>는 섬의 요정 클로리스Chloris[29](로마에서는 플로라(Flora))와 제피로스의 관계를 보여준다. 그녀는 제피로스에 의해 납치되어 카르포스Karpos를 낳는다.

이탈리아 르네상스 시대의 화가 보티첼리Sandro Botticelli(1445 ?-1510)의 작품 <프리마베라>(1482)에는 서풍 제피로스가 클로리스에게 다가가는 모습으로 등장한다. 보티첼리의 <비너스의 탄생>(1486)에도 제피로스가 클로리스를 안고 등장한다.

부그로
(William-Adolphe Bouguereau, 1825-1905):
플로라와 제피로스(1875).
프랑스의 륄루즈 미술관.

---

29 호메로스(2018): 『오디세이아』. 천병희 옮김. 도서출판 숲. 이하 권차와 행으로 표시. 호메로스의 『오디세이아』(11권 281-287행)에 암피온의 딸 클로리스에 대해 나온다. 그녀는 요정 클로리스와 동명이인이다. 그녀는 넬레우스와 결혼하여 네스토르, 크로미오스, 페리클리메노스, 그리고 페로를 낳았다.

보티첼리(Sandro Botticelli, 1445-1510): 비너스의 탄생. 피렌체 우피치 미술관.

칼라모스

강의 신 마이안드로스Maiandros[30]의 아들인 칼라모스Calamus는 사랑하는 친구 카르포스가 마이안드로스 강에서 헤엄을 치다가 물에 빠져 죽자, 괴로워하다 강에 몸을 던졌고, 그 순간 칼라모스는 갈대로 변한다.

---

30 메안데르(Meandes)라 한다. 현재의 멘데레스(Mederes) 강으로 터키의 남서부 지방을 흐른다.

신들의 전쟁

제우스와 티탄 신족의 전쟁 (티타노마키아(Titanomachia))

아폴로도로스의 『원전으로 읽는 그리스 신화』(1권 2.1과 1권 3.6)에 제우스와 메티스와의 결혼, 그리고 그녀의 도움에 대해 언급된다. 제우스는 오케아노스와 테티스 사이에서 태어난 메티스를 첫 번째 아내로 맞이했다. 그녀는 지혜의 여신 아테나의 어머니이다. 메티스는 시아버지 크로노스에게 약을 먹이고, 레아가 크로노스에게 준 돌과 제우스의 형제를 모두 토해내게 하였다.

크로노스가 레아가 준 돌을 토해내자, 제우스는 이 돌을 델포이 신전이 있는 파르나소스Parnassus 산에 올려놓고 승리의 기념물로 삼았다.

아폴로도로스의 『원전으로 읽는 그리스 신화』(1권 1.6~1권 2.2)에 제우스와 그의 형제들과 그들의 아버지와 티탄족과의 전쟁에 대해 묘사되어 있다. 키클롭스는 제우스에게 천둥과 번개를, 하데스에게는 모습을 감출 수 있는 투구를, 그리고 포세이돈에게 삼지창을 준다. 제우스는 9(10년이라는 설)년 만에 티탄과의 전쟁에서 승리하였다. 제우스는 자신을 도와준 키클롭스와 헤카톤케이레스는 해방시켰지만, 전쟁에서 패배한 티탄족을 땅 속 깊은 곳인 타르타로스에 가두었다. 그리고 아틀라스에게 하늘을 떠받치게 하는 형벌을 내렸다.

하를렘(Cornelis Cornelisz van Haarlem, 1562~1638):
티탄족의 몰락(The Fall of the Titans, The Titanomachia 1588~90). 코펜하겐 국립 미술관.

네덜란드의 화가 하를렘의 <티탄족의 몰락>은 제우스에게 패배해 지하세계인 타르타로스에 갇혀 있거나, 떨어지는 티탄족의 모습을 묘사하고 있다.

올림포스의 신들과 기간테스와의 전쟁 (기간토마키아(Gigantomachia))

아폴로도니스의 『원전으로 읽는 그리스 신화』(1권 41~43쪽)에는 제우스와 올림포스의 신들과 기간테스와의 전쟁에 대해 자세히 묘사되어 있다. 우라노스가 크로노스에게 거세되었을 때, 그 피를 흡수하여 태어난 거인이 기간테스이다.

기간테스: 아프로디시아스 광장의 프리즈. AD 1세기. 이스탄불 고고학 박물관.

제우스가 티탄족을 타르타로스에 가두어, 화가 난 가이아가 제우스에게 복수하기 위해 기간테스를 낳았다고도 한다. 기간테스는 머리와 턱에서는 머리털이 흘러내리고, 하반신은 용의 비늘로 이루어져 있다.

헤라클레스는 기간테스 중 가장 강한 알키오네우스Alcyoneus와 대적하여 싸웠다. 그는 땅에 떨어지면 다시 기운을 얻는 자였다. 헤라클레스는 아테나의 조언을 듣고, 알키오네우스를 죽인다.

에우리토스Eurytus는 디오니소스의 티르소스Thyrsus 지팡이에, 미마스Mimas는 헤파이스토스의 빨갛게 단 쇳덩이에 맞아 죽고, 아테나는 엥켈라도스Enceladus 위에 시칠리아 섬을 던져 죽였다.

트리톤과 그의 어머니 암피트리테가 여러 명의 기간테스와 싸우다.
베를린 페르가몬 박물관의 제우스 대제단의 기간토마키아.

기나긴 전쟁 후에 올림포스의 신들이 승리를 하며, 기간테스를 물리치고 난 뒤, 제우스는 세상의 지배자로 인정받는다. 아프로디시아스Aphrodisias[31] 광장의 프리즈는 왼쪽에 아테나와 트리톤이 표현되어 있다.

알로아다이

알로아다이Aloadae는 알로스의 왕 '알로에우스Aloeus의 아들들'이란 뜻으로, 오토스Otos와 에피알테스Ephialtes 형제라 일컫는다.

---

31 고대 도시 유적으로, 터키남서부에 위치하며, 현재명은 게이레(Geyre). 아프로디시아스는 아프로디테의 이름에서 유래했다.

도레(Gustave Dore, 1832~1883): 단테의 『신곡』의 삽화. 지옥에서 신음하는 알로아다이.

호메로스의 『일리아스』(11권 305~308행)에 따르면, 그들은 알로에우스의 아내 이피메데이아Iphimedia가 포세이돈과 정을 통해 태어난 자식들이라고 한다. 그들은 아홉 살이 되자, 키가 17미터에 달할 정도로 컸다고 한다. 그들은 하늘로 올라가 헤라와 아르테미스를 희롱하여 제우스는 분노하였다.

호메로스의 『일리아스』(5권 384~391행, 11권 315~320행)에 따르면, 그들은 아레스Ares (로마에서는 마르스(Mars))를 잡아 13개월 동안 청동 항아리에 가두어 놓았는데, 헤르메스Hermes (로마에 메르쿠리우스(Mercurius)에 해당됨)가 훔쳐와 아레스를 풀어주었다고 한다. 이들은 오만하게 신들에 맞서 싸우려 올림포스산 위에 오사Ossa 산을 쌓고, 그 위에 다시 펠리온Pelion 산을 쌓아 하늘에 닿으려고 했다가, 아폴론에 의해 죽음을 당했다.

프랑스의 화가 도레는 단테의 『신곡』에 지옥에서 고통 받는 알로아다이를 형상화하고 있다.

티폰과의 전쟁

아폴로도로스의 『원전으로 읽는 그리스 신화』(1권 5.3)에 제우스와 올림포스 신들과 티폰의 전쟁에 대해 자세히 묘사되어 있다. 기간테스가 패하자, 화가 난 가이아는 다시 타르타로스와 결합하여 상반신은 인간이고, 하반신은 뱀인 괴물 티폰Typhon을 낳는다. 티폰의 모습은 다음과 같다.

> 티폰은 넓적다리까지는 사람의 형상이었으나, 하도 덩치가 커서 모든 산들보다 더 높았고, 머리는 가끔 별들에게가 닿았다. 양팔을 벌리면 한쪽 팔은 서쪽에 닿았고, 한쪽 팔은 동쪽에 닿았다. 백 개가 되는 용의 머리가 양팔 위로 솟아 있었다. 넓적다리 아래로는 거대한 뱀 똬리들을 갖고 있었는데, 그것들을 다 풀면 바로 그의 머리에 땋았고 '쉿쉿'하는 무시무시한 소리를 냈다. 온몸에 날개가 돋아나 있었고 머리와 턱에서는 봉두난발이 바람에 나부꼈으며 눈에는 불길이 번쩍였다.

티폰은 올림포스를 공격하기 시작했다. 제우스가 티폰에게 져 코르키온 동굴Corycian Cave[32]에 잡혀 있었으나, 헤르메스와 판Pan(로마에서는 파우누스(Faunus)) 중에 한 명인 아이기판Aegipan의 도움으로 제우스는 회복할 수 있었다. 제우스는 티폰을 시칠리아의 에트나 화산으로 처박아 버린다.

---

32 그리스 파르나소스산에 있는 위치함.

홀라르(Wenceslaus Hollar, 1607~1677): 티폰. 토론토의 토마스 피셔 레어 북 도서관.

호메로스의 『일리아스』(2권 782행)에 패배해 바닥에 누워있는 티폰이 있는 곳을 채찍질 하는 제우스의 이야기가 나온다. 티폰과 제우스와의 전쟁은 헤시오도스의 『신들의 계보』(820~880행)에 자세히 묘사된다. 제우스는 천둥과 번개, 그리고 벼락으로 티폰을 물리쳤고, 채찍으로 티폰을 제압하자 대지가 신음하고 불타올랐다. 제우스는 마지막에 티폰을 타르타로스에 던져버렸다.

제우스는 크로노스와 티탄족과 기간테스를 몰아내고, 형 포세이돈과 하데스와 함께 영토를 분할했다. 제우스는 천계, 포세이돈은 대양을 하데스는 저승의 세계를 지배하기로 한다. 제우스는 무기로 벼락을 지니고, 독수리를 총애하여 이 새에게 벼락을 맡겼다.

2

신과
인간의
아버지

제우스의 연인

제우스와 헤라

제우스의 첫 번째 아내는 메티스이고, 두 번째 아내는 테미스이다. 제우스는 마지막으로 크로노스와 레아의 자식이자, 자신의 누이인 헤라와 결혼한다. 그녀는 아테나와 아프로디테와 미美를 다툴 정도로 아름다웠다. 제우스는 그녀에게 결혼을 신청하지만, 그녀는 허락하지 않는다.

그는 천둥 번개를 동반한 폭풍우를 내리게 하고, 비둘기로 변신하여 헤라의 무릎에 내려앉았다. 헤라는 천둥 번개에 떠는 새가 안타까워 가슴에 안았다. 바로그때 변신한 제우스가 헤라를 덮쳤으나 그녀는 완강히 저항하며, 자신을 정실부인으로 맞이하겠다는 약속을 듣고서야 제우스를 받아들였다.

그녀는 사모스Samos 섬[1]에 있는 헤라 신전의 재단 옆에 있는

---

1 그리스 동부 에게해에 있는 섬.

순결나무에서 일 년에 한 번 제우스와 사랑을 나누었다.

호메로스의 『일리아스』 5권에는 헤라가 아테네와 함께 그리스의 편을 들어 트로이전쟁에 참여하는 것이 묘사된다. 헤라는 파리스가 가장 아름다운 여인으로 아프로디테의 손을 들어준 것에 대해 화가 났기 때문이다.

올림피아에 있는 제우스의 신전은 건축가 엘리스Libon of Elis에 의해 B.C. 472~456에 완성되었다. 기둥은 도리스양식이다. 이 건물은 잊혔다가, 1829년 프랑스에서 발굴하여 많은 부분이 루브르 박물관으로 옮겨졌다.

루브르 박물관에 있는 스미르나Smyrna[2]의 <제우스>는 1680년

올림피아에 있는 제우스 신전.

2 스미르나는 고대 그리스의 도시로 아나톨리아의 에게해 해변에 위치한다. 현재는 이즈미르(Izmir)로 터키의 3대 도시 중 하나이다.

에 스미르나에서 발견되었다. 제우스의 상징은 낙뢰, 독수리, 황소와 참나무로, 기원전 234년 에피루스Epirus의 동전에는 제우스의 머리와 번개가 조각되어 있다.

스페인의 마드리드 국립고고학 박물관에 있는 제우스 조각품에서 그는 오른손에 번개를 들고 있다. 이 작품은 B.C. 5에서 B.C. 4세기에 나타나고 있는 신 아티카파Neo-Atticism 조각가에 의해 만들어진 것이다.

마드리드 몽클로아의
우물에 새겨져 있는
번개를 들고 있는 제우스
마드리드 국립고고학박물관

루브케(Wilhem Lubke, 1826~1893)에 의해 재구성된 올림피아 신전

바리(James Bury, 1741~1806): 이다산 위의 제우스와 헤라(1773). 셰필드 미술관.

신 아티카파의 조각가들은 '페르가몬 대제단'의 바로크적인 것에 반대하고 고전주의 성향의 작품을 완성하였다. 제임스 바리의 <이다산 위의 제우스와 헤라>에서, 이다Ida 산[3]은 제우스가

3 현재는 카즈(Kaz) 산이라 한다. 터키 북서부 차나칼레(Çanakkale) 남단에 위치한다.

탄생한 곳이다. 버리의 작품에서는 제우스와 헤라 뒤편에는 하늘에 있는 독수리와 구름이 보인다.

이 그림은 제우스가 헤라에게 청혼하고, 그녀가 제우스를 받아들이고 있는 상황을 말해준다. 헤라가 제우스보다 약간 높은 곳에 위치하게 한 것은 헤라의 궁극적 승리를 말해주는 것이다.

스미르나의 제우스. 파리 루브르 박물관.

기원전 234년의
에피루스 동전의
제우스 머리와 번개.

헤라

헤시오도스의 『신들의 계보』(922~929행)에 따르면, 헤라는 전쟁의 신 아레스, 헤라클레스와 결혼을 한 청춘의 신 헤베Hebe (로마에서는 유벤투스(Juventus))와 출산하는 여인들의 수호신 에일레이티이아Eileithyia를 낳았다. 헤시오도스의 『신들의 계보』(924~926행)에는 헤파이스토스의 출생에 대한 이야기가 나온다. 제우스가 홀로 아테나를 낳자, 헤라도 남성의 힘을 빌리지 않고 헤파이스토스를 낳았다.

헤라 캄파나.
기원전 2세기 헬레니즘 시대
진품의 로마 시대 복제품.
파리 루브르 박물관.

현재 루브르 박물관에 전시되어 있는 <헤라 캄파나>는 기원전 2세기 헬레니즘 시대의 진품을 로마 시대에 복제한 것이다. 헤라는 원통형 왕관Daiadem을 쓴 모습으로 묘사되는 일이 많다. 그녀는 손에 석류를 들고 있는데, 석류는 비옥한 혈액과 죽음을 상징한다. 헤라와 함께 등장하는 성스러운 동물은 공작새이다.

베네치아의 두칼레 궁전Palazzo Ducale의 평의회 회의실 천정화에 베로네세가 베네치아에게 선물을 뿌리는 헤라를 묘사하였다. 헤라는 국가의 보호자를 상징한다. 시칠리아의 아그리젠토에 있는 신전의 계곡Valle dei Templi에는 B.C. 5세기 중반에 지어진 헤라 신전이 있다.

파올로 베로네세(Paolo Veronese, 1528~1588):
베네치아에 선물을 뿌리는 헤라.
베네치아 팔라초 두칼레.

아그리젠토의 헤라 신전.
마그나 그라에키아(Magna Graecia, 이탈리아 남부에 있던 고대 그리스의 식민 도시).

제우스의 연인들

이오

오비디우스의 『변신 이야기』(1권 568~624행)에 제우스와 강의 신 이나코스Inachus의 딸 이오Io와의 사랑 이야기가 나온다. 제우스가 이오와 함께 있을 때 헤라가 나타나자, 그는 이오를 재빨리 암소로 변신시켰다. 헤라는 남편이 의심스러워 암소를 자기에게 선물로 달라고 하자, 그는 의심을 받을까 두려워 암소를 아내에게 준다.

헤라는 여전히 의심이 풀리지 않자, 머리에 눈이 백 개가 달린 아르고스로 하여금 암소를 감시하도록 하였다. 암소로 변한 이오는 아버지와 자매들이 자신을 알아보지 못하자, 발굽으로 모래 바닥위에 'Io'라고 적었지만 가족들을 알아보지 못한다.

아르고스는 그녀를 데려가서 계속 감시하였다. 제우스는 이오가 자신 때문에 괴로움을 당하게 되자, 헤르메스를 불러 아르고스를 없애라고 한다. 헤르메스는 양치기로 변해 아르고스에게 접근을 하였다. 헤르메스는 피리를 불었는데, 그가 부른 피리는 '시링크스Syrinx' 혹은 '팬플루트Pan Flute'라고 한다.

아르고스는 피리소리에 반해 헤르메스에게 말을 걸었다. 그는 아르고스에게 피리를 불어주었고, 피리의 유래에 대해 말해준다. 아르고스가 잠이 들자, 헤르메스는 아르고스의 목을 잘라 버렸다. 헤라는 이 눈을 자기가 총애하는 공작의 꼬리에 달아준다.

아르고스가 살해되자, 앙심을 품은 헤라는 등에[4]를 보내 이오를 더욱 괴롭혔다. 이오는 이오니아 해를 건너고 일리리아 Illyria 평원[5]을 지나, 하이모스Haemus 산을 오르기도 하고, 트라키아Thracia 해협을 건넌다. 그래서 트라키아 해협을 보스포로스 Bosphorus, 즉 '암소의 나루'라고 불린다. 제우스가 이오에게 더 이상 관심을 보이지 않겠다고 헤라에게 약속하자, 그녀는 이오를 다시 인간으로 만들어 주었다.

---

4 파리목 등에과의 곤충, horsefly.

5 일리리아(Illyria) 평원: 고대의 지역명으로 오늘날의 발칸 반도 서부에 해당된다.

루벤스(Peter Paul Rubens, 1577~1640): 유노와 아르고스(1611). 쾰른 로마-게르만 박물관.

플랑드르의 화가 루벤스는 이오를 감시하던 아르고스Argus가 헤르메스에 의해 목이 잘려 있는 모습을 묘사하고 있다. 헤라는 아르고스의 눈을 공작새에 달아 주었다. 루벤스는 파란색, 붉은색, 그리고 노란색을 조화롭게 쓰고 있다. 뒷면에 무지개가 보인다.

헤라(유노)는 로마인들 사이에서는 종종 호전적인 모습으로 등장하여, 무장을 하고 가죽 옷을 입고 나타나기도 한다. 이탈리아의 화가 코레지오의 그림은 구름으로 변해 이오를 포옹하는 제우스를 묘사하고 있다. 스페인의 화가 벨라스케스는 잠이 든 아르고스를 살펴보는 헤르메스를 그리고 있다.

벨라스케스(Diego Velazquez, 1599~1660): 헤르메스와 아르고스. 마드리드 프라도 미술관.

코레지오
(Antonio da Correggio,
1489~1534):
제우스와 이오.
빈 미술사 박물관.

칼리스토

오비디우스의 『변신 이야기』(2권 409-495 행)에 칼리스토Kallisto, 제우스, 그리고 아르테미스에 대한 이야기가 있다. 아르테미스 여신을 섬기는 님프 칼리스토는 아르테미스로 변신한 제우스에게 순결을 잃었다. 아르테미스는 칼리스토가 순결을 잃은 것을 알고는 칼리스토를 추방해버린다.

칼리스토가 아르카스Arcas를 낳자, 화가 난 헤라는 칼리스토를 곰으로 만들어 버린다. 숲 속에서 두려움에 떨며 살아가고 있는 칼리스토는 어느 날 자신이 낳은 아르카스를 만나게 된다. 칼리스토가 아들을 보고 너무 반가워 안으려고 하자, 청년은 깜짝 놀라 칼리스토를 창으로 찌르려 한다.

오비디우스의 『변신 이야기』(2권 496-508행)에는 아르카스가 곰이 된 칼리스토를 자신의 어머니인줄 모르고 죽이려 하자, 놀란 제우스가 이 둘의 행동을 멈추게 하고는 하늘로 데리고 가, 큰곰과 작은곰 별자리로 만들었다는 이야기가 나온다.

이탈리아 르네상스의 화가 티치아노의 <다이아나와 칼리스토>는 다이아나가 칼리스토의 임신을 알게 된 순간을 묘사한 것이다. 후에 티치아노는 이 작품을 빈Vienna에서 다른 형태로 다시 작업하였다. 플랑드르의 화가 슈피어링크스의 <제우스와 칼리스토>에는 제우스와 칼리스토가 포옹하고 있고, 오른편에는 헤라가 칼리스토의 머리채를 잡아끌고 가는 모습을 볼 수 있다.

티치아노(Tiziano Vecellio, 1490~1576): 다이아나와 칼리스토(1559).
런던 국립 박물관.

슈피어링크스(Karel Philips Spierincks, 1609~1639): 제우스와 칼리스토.
필라델피아 미술관.

레토

레토와 제우스의 사랑 이야기는 오비디우스의 『변신 이야기』(4권 161~193행)에 나온다. 티탄 코이오스와 포이베의 딸인 레토는 제우스의 아이를 임신한다. 그녀가 낳은 아이가 헤라가 낳은 아레스보다 위대한 아들 아폴론을 낳을 것을 알게 된 헤라는 질투심에, 출산의 신 에일레이티이아가 레토에게 가는 것을 금지시키고, 출산하는 장소를 제공하지 말라고 명령하였다. 레토가 이곳저곳을 방랑하며 도착한 델로스Delos 섬에서 태어난 신이 아폴론과 아르테미스이다.

대 얀 브뢰헬(Jan Breughel the Elder, 1568~1625):
레토와 리키아의 농부들(1595~1610) 암스테르담의 레이크스 미술관.

라토나 분수. 베르사유 궁전의 정원.

플랑드르의 화가 대(大) 얀 브뢰헬은 작품에서 오비디우스의 『변신 이야기』(6권 317~381행)에 해당되는 내용을 묘사하고 있다. 브뢰헬의 작품은 <레토와 리키아의 농부들> 혹은 <레토와 개구리들>이라고 한다. 4세기에 레토는 아나톨리아의 리키아라는 지역의 지모신地母神, mother goddess 으로 신성시되었다. 레토는 헤라를 피해 다니다, 리키아에 이르러 호수의 물을 마시려고 하였으나, 농부들이 물을 마시지 못하도록 진흙을 휘저어 막자, 레토는 그들을 개구리로 만든다.

프랑스 베르사유 궁전의 라토나 분수에는 신화 속 레토와 어린 아폴론과 아르테미스가 함께 있고, 레토가 변신시킨 개구리들이 있다.

다나에

오비디우스의 『변신 이야기』(4권 610 행)에 다나에Danae의 이야기가 있다. 아크리시오스Acrisios는 자신의 딸이 낳을 아들이 자신을 죽이게 될 것이라는 신탁을 듣자, 지하에 청동 방을 짓고 다나에를 가두고 감시한다. 그러나 제우스가 황금 소나기로 변해 다나에에게 파고들어, 페르세우스를 낳았다고 한다.

화가 난 아키리시오스는 딸과 아이를 상자 안에 넣은 뒤 바다에 버린다. 상자가 세리포스Serifos 섬[6]에 닿자, 어부 딕티스Dictys가 그것을 건져 아이를 길렀다.

신화 속 장면을 에로틱하게 그리는 것으로 유명한 이탈리아 화가 코레조는 다나에가 황금 소나기로 변한 제우스의 방문을 받고 있고, 침대 발치에서 제우스를 돕는 큐피드를 묘사했다.

안토니오 알레그리 다 코레조(Antonio Allegri da Correggio, 1531~1532): 다나에. 보르게세 미술관.

---

6 세리포스(Serifos) 섬: 에게해에 위치한 그리스 섬.

레다

오비디우스의 『변신 이야기』(6권 108행)에는 스파르타의 틴다레오스Tyndareus 왕의 아내인 레다가 백조로 변신한 제우스와 교합하게 되고, 같은 날 틴다레오스 왕과도 잠자리를 하는 이야기가 나온다.

아폴로도로스의 『원전으로 읽는 그리스 신화』(3권 10.7)에 따르면, 레다는 제우스에게는 헬레네와 폴리데우케스Polydeuces(로마에서는 폴룩스(Pollux))를, 틴다레오스에게는 클리타임네스트라Clytemnestra와 카스토르Castor를 낳아 준다.

세스토
(Cesare da Sesto, 1477~1523):
레오나르도 다 다빈치 작품의 모사.
레다와 백조.
영국 윌튼 하우스.

투생 뒤브레이유(Toussaint Dubreuil, 1561~1602): 레다와 요정들(1600). 파리 루브르 박물관.

다빈치가 그린 <레다와 백조>는 현재 남아 있는 것이 없다. 이탈리아의 화가 세스토와 소도마Il Sodoma(1477~1549)가 다빈치의 영향을 받았고, 다빈치 작품들을 많은 모사하였다. 프랑스의 화가 뒤브레이유의 <레다와 요정들>은 백조로 변한 제우스와 레다의 이야기를 형상화시키고 있다.

카스토르와 폴리데우케스

레다의 자식 중 카스토르는 거친 말을 잘 길들이는 것으로 유명하고, 폴리데우케스는 권투를 잘했다. 이 둘은 우애가 좋아 항상 함께 했다. 두 사람은 아르고나우츠Argonautes(이아손(Iason)을 비롯한 50명의 원정대)와 원정을 할 때에도 함께 한다. 항해 도중 폭풍이 일었을 때 오르페우스Orpheus가 비파를 뜯자, 폭풍이 멎으면서 형제의 머리위에 별이 나타났다. 이 일로 카스토르와 폴리데우케스는 항해하는 사람이나, 여행하는 사람들의 수호신으로 알려졌다.

제우스는 둘의 우애를 높이 사, 두 사람을 쌍둥이 별자리로 만들었다고 한다. 이 둘은 '디오스쿠로이'Dioskouroi, 즉 '제우스의 아들들'이라 불리면서 신의 예우를 받았다.

루벤스의 <레우키포스의 딸들의 납치>는 카스토르와 폴리데우케스가 메세네Messene[7]의 레우키포스Leukippos의 딸들인 힐라에이라Hilaeira와 포이베Poebe를 납치하는 장면을 묘사하고 있다. 말 위에 있는 이는 카스토르이고, 말에서 내린 사람은 갑옷과 투구로 무장하지 않은 폴리데우케스이다. 그는 나체가 된 레우키포스의 딸들을 붙잡고 있다. 힐라에이아는 하늘을 쳐다보고 도움을 요청하고, 빨간 천을 두르고 있다.

카스토르의 어깨에 걸쳐 있는 것도 빨간 색의 숄이라 카스토르가 힐라에이라와 연관되어 있음을 알 수 있다. 포이베의 금빛 옷은 바닥에 벗겨져 있고, 검은 날개를 단 푸토가 카스토르의 말에 매달려 있다.[8]

---

7 메세네(Messene): 현재 이름은 메시니(Messini)이다.

8 롤프 H. 요한젠(2000): 『회화』. 황현숙 옮김. 해냄. 101쪽 이하.

루벤스
(Peter Paul Rubens, 1577~1640):
레우키포스의 딸들의 납치(1618).
뮌헨 구 피나코텍.

퀴리날레 언덕의 카스토르와 폴리데우케스.

디오스쿠로이 (카스토르와 폴리데우케스)

폭정으로 폐위된 로마 7대 왕이자, 마지막 왕인 타르퀴니우스 Lucius Tarquinius Superbus(재위 B.C. 534~510)가 로마로 쳐들어온다. 이때 집정관 포스투미우스Aulus Postumius Albinus가 로마를 지키기 위해 타르퀴니우스에 맞서 전쟁을 하게 된다. 포스투미우스와 타르퀴니우스는 B.C. 495년 레길루스Regillus 호숫가에서 마주쳤는데, 이때 디오스쿠로이는 로마 편을 들었다고 한다.

이 전투가 로마군의 승리로 끝난 뒤, 로마인들은 두 형제가 모습을 나타내었던 곳에 두 형제의 신전을 세웠고, 이후 고대 로마에서는 매년 7월 15일 디오스쿠로이 축제가 열렸다. 포로 로마노 Foro Romano 내에 있는 코린트 양식으로 지어진 디오스쿠로이 신전은 레길루스 전투의 승리를 기념하기 위해 만들어진 것이다.

카피톨리노 언덕의 카스토르와 폴리데우케스.

포로 로마노 내의 디오스쿠로이 신전.

에우로페

오비디우스의 『변신 이야기』(2권 833~875행)에 에우로페Europe의 이야기가 나온다. 시리아Syria의 왕 아게노르Agenor의 딸 에우로페가 봄에 꽃을 따러 들에 나갔다가, 아름다운 황소의 모습에 이끌려 그 황소에 다가가자, 황소는 에우로페 앞에 온순하게 엎드렸다.

에우로페는 황소를 쓰다듬기도 하고, 같이 뛰기도 하며, 호기심에 황소 등에 올라탔다. 그러자 황소가 갑자기 일어나 달리기 시작했다. 에우로페를 태운 황소는 에게해를 건너 크레타 섬으로 도망쳐 갔다. 그리고 둘 사이에 미노스Minos, 라다만티스Rhadamanthys와 사르페돈이 태어난다.

베로나(Liberale da Verona, 1445~1527/29): 에우로페의 납치. 파리 루브르 박물관.

조반니 바티스타 티에폴로(Giovanni Battista Tiepolo, 1696~1770):
겁탈당하는 에우로페. 베네치아 아카데미아 미술관.

이탈리아의 화가 티에폴로의 그림에는 에우로페는 흰옷을 입고 정숙하게 앉아 있다. 흰 소로 둔갑한 제우스는 땅위에 엎드려 있다. 아직 급박한 상황을 엿볼 수 없는 그림이다. 구름 위에 에로스는 소변을 보는 장난기 어린 모습을 보이고 있다.

이탈리아 화가 베로나의 <에우로페의 납치>는 세 가지 장면이 연속적으로 그려져 있다. 첫 번째는 에우로페가 황금색 옷을 입은 장면이고, 두 번째는 그녀가 황소의 등에 올라타려는 모습, 세 번째는 황소가 에우로페를 태우고 바다를 건너는 장면이 묘사되어 있다.

안티오페

안티오페Antiope와 제우스는 서구의 화단에서 자주 등장하는 테마이다. 오비디우스의 『변신 이야기』(6권 111행)에 테바이Thebai[9] 랍다코스Labdacus 왕의 섭정을 맡은 닉테우스Nycteus의 딸 안티오페가 쌍둥이 암피온Amphion과 제토스Zethus를 임신한 이야기가 나온다.

안티오페는 제우스로 인해 처녀의 몸으로 임신을 하자, 아버지가 두려워 시키온Sicyon의 에포페우스Epopeus왕에게 도망을 친다. 일설에 의하면 암피온은 제우스의 아들이고, 제토스는 에포페우스의 아들이라 한다. 닉테우스는 시키온으로 쳐들어갔다가 부상을 당하여 사망하게 된다.

안티오페는 시타에론Cithaeron 산에 쌍둥이를 버리지만, 그들은 양치기에 의해 키워진다. 그녀는 테베로 끌려와, 닉테우스의 형제인 리코스Lycus와 그의 아내 디르케Dirce의 하녀가 되어 학대를 받지만, 후에 자식들에 의해 구조된다.

---

9 테바이(Thebai): 그리스 중부에 있던 옛 도시이다. 영어식으로는 테베(Thebes)라고 한다. 그리스 보이오티아 평원 동쪽에 위치함.

빈센트 셀레르(Vincent Sellaer,
1500~1589):
안티오페와 그녀의 쌍둥이 자식들,
그리고 사티로스로 변한 제우스
(1535~1545)
파리의 루브르 박물관.

코레지오(Antonio Da Correggio,
1489~1534):
사티로스로 변신한 제우스와 안티오페
(1528).
파리의 루브르 박물관.

프랑스의 화가 빈센트 셀레르의 <안티오페와 그녀의 쌍둥이 자식들과 함께 있는 사티로스Satyros(로마에서는 파우누스(Faunus). 영어식 표기는 'Satyr')로 변한 제우스>는 사티로스로 변신하여 안티오페를 바라보는 제우스의 모습과 쌍둥이 암피온과 제토스가 함께 있는 모습을 묘사하고 있고, 이탈리아의 화가 코레지오도 사티로스로 변신한 제우스와 안티오페의 그림을 그렸는데, 그림에는 사티로스로 변한 제우스가 누워 안티오페를 바라보고 있으며, 그 옆에는 에로스가 잠들어 있다.

안티오페와 디르케

아폴로도로스의 『원전으로 읽는 그리스 신화』(3권 5.5)에 따르면 안티오페는 제우스의 아이를 임신하고, 아버지를 피해 시키온의 에포페우스 왕에게로 달아나 그와 결혼하였다. 이에 닉테우스는 절망한 나머지 자살하며, 그의 동생 리코스Lycus에게 에포페우스와 안티오페를 벌주라고 당부한다.

리코스는 에우페우스를 죽이고, 안티오페를 포로로 잡아갔다. 그녀는 끌려가던 중 쌍둥이를 낳고 길에 버렸는데, 소를 먹이던 목자가 쌍둥이를 발견하여 키우게 된다.

리코스의 아내 디르케Dirce는 안티오페를 감금하고 학대했는데, 간신히 도망친 안티오페는 자식들을 만나 도와달라고 한다. 암피온과 제토스 쌍둥이 형제들은 디르케를 잡아 황소에 매달았다가 죽인다.

폼페이 베티의 집: 암피온과 제토스가 디르케를 황소에 묶다.

폼페이 베티의 집[10]의 그림에서는 가운데 황소가 일어나 앞으로 향하는 모습이다. 디르케는 황소의 밑 부분에 있고 황소의 양면으로 두 팔이 들고 있다. 디르케의 몸이 밧줄로 황소에 묶여 있는 형상이다. 오른편의 남성이 황소의 목에 묶인 밧줄을 고리로 하고 붙잡고 있다. 왼편의 남성은 오른손으로는 황소를, 왼손으로는 디르케의 손을 잡고 있다.

---

10 폼페이 베티의 집(Casa dei Vettii)은 폼페이의 자유민이자 부유한 상인 아울루스 베티우스 콘비바(Aulus Vettius Conviva)와 아울루스 베티우스 레스티투투스(Aulus Vettius Restitutus) 형제 집을 의미한다. 이 집은 폼페이에서 발굴된 집 중에 보존 상태가 좋고, 호화롭고 큰 저택 중에 하나이다.

쉬외르(Eustache Le Sueur, 1616~1655): 제우스가 가니메데를 납치하다(1644).
파리 루브르 박물관

가니메데

오비디우스의 『변신 이야기』(10권 155~161행)에 제우스와 가니메데Ganymede (혹은 가니메데스Ganymedes)에 대한 이야기가 나온다. 신들에게 신의 음료 '넥타르'Nectar와 신들이 먹는 음식 '암브로시아'Ambrosia를 나눠주는 헤베가 헤라클레스와 결혼을 하자, 제우스는 대신 인간들 중에서 가장 아름다운 가니메데를 납치하여 헤베의 일을 맡긴다. 가니메데는 제우스의 동성애적 대상이라 해석되기도 한다.

프랑스의 화가 우스타쉬 르 쉬외르의 <가니메데를 납치하는 제우스>는 독수리로 변신한 제우스가 가니메데를 납치하는 광경을 묘사하고 있다.

3

올림포스의 영웅들

제우스의 자녀

아테나

헤시오도스의 『신들의 계보』(886~890, 924행)에 아테나의 탄생 이야기가 나온다. 티탄족의 오케아노스와 테티스 사이에서 태어난 지혜의 여신 메티스는 매우 총명한 아이를 낳을 것이라 예언되었다. 자신의 권력이 자신의 자식에 의해 빼앗길 것을 두려워한 제우스는 임신한 메티스를 삼켜버렸는데, 시간이 지나자 아버지의 머리에서 갑옷과 투구로 무장한 아테나가 태어났다. 아테나는 전쟁에서 항상 승리하기 때문에 '아테나 니케'라고도 한다.

호메로스의 『일리아스』(5권 29행)와 헤시오도스의 『신들의 계보』(13, 924행)에는 아테나를 표현할 때 "빛나는 눈"Glaukopis이란 형용사가 사용된다. 이는 아테나의 현명함을 의미하는 것이다.

또한 빛나는 눈은 'Glauk'(올빼미)와 같은 어원을 가지기에, 아테나의 상징은 올빼미라고 한다. "미네르바의 올빼미는 밤에 날아다닌다"라는 말이 있는데, 이는 지혜는 소란스러운 낮에는

활동하지 않고 개시한다는 의미이다.[1]

아테나는 기간테스와의 전쟁에서 가장 큰 공을 세웠다. 그녀는 가장 무섭고 힘이 세다는 팔라스를 죽였고, 기간테스 중 하나인 엥켈라도스Encelados를 시칠리아 섬에 묻어버렸다. 이로 인해 아테나는 아버지의 무기인 번개와 방패(아이기스(Aigis))를 사용할 수 있는 권한을 갖게 되었다.

아테나는 예술 작품에서 종종 헬멧을 착용하고 창을 들고 있는 모습으로 등장한다. 그녀의 상징은 올빼미, 올리브나무, 뱀, 그리고 고르고네스Gorgones (단수형 고르곤(Gorgon))이다. 고르고네스는 바다의 신이자, 바다의 노인이라고 불리는 포르키스의 세 딸을 지칭한다.

고르고네스 중 메두사는[2] 머리카락이 뱀으로 되어 있고, 멧돼지의 어금니를 지니고 있어, 이를 보는 사람은 돌로 변한다고 한다. 메두사는 원래 아름다운 외모를 지녔으나, 아테나의 저주로 흉측한 외모를 지니게 되었다.

이탈리아 로마현의 벨레트리Velletri라는 곳에서 발견된 아테나의 형상에는 헬멧, 뱀, 그리고 소매가 없는 코트Cloak가 보인다.

---

1 사에구사 가즈코(1995): 여성을 위한 그리스 신화. 한은미 옮김. 시아출판사, 95쪽 이하 참조.

2 메두사: 페르세우스가 잡은 메두사의 머리가 박혀 있는 방패를 아이기스라 함. 페르세우스 부분 참조. 보통 아이기스는 아테나와 함께 사용되기도 하지만, 호메로스는 제우스가 아이기스를 가졌다고 말하고 있다.

아테나: 1797년 벨레트리 근교의
포도원에서 로마 궁전의 폐허가 발견됨.
파리 루브르 박물관.

브리고스(Brygos,
그리스의 익명의 화가):
헬멧, 창 그리고
올빼미가 함께 있는 아테나.
메트로폴리탄 미술관.

파르테논 신전

아테네의 아크로폴리스의 아테나 신전인 파르테논Parthenon 신전은 아테나 여신에게 헌정된 신전이다. 이 신전은 B.C. 447년에 기공하여, B.C. 438년에 완성되었다. 본전本殿의 벽 상부 네 벽에 프리즈장식 중 대부분의 조각을 토마스 브루스Thomas Bruce경 (1766~1841. 엘긴가의 7번째 백작이라 보통 토마스 엘긴이라 칭한다)가 수집하였다.

이 작품은 대영박물관 엘긴마블스Elgin Marbles 컬렉션으로 분류되어 진열되어 있으며, 일부는 파리의 루브르 박물관에도 전시되어 있다.

파르테논 신전은 페르시아 전쟁(B.C. 499~449) 이후, 도리스식의 기둥으로 둘러싸여 있는 페립테로스Peripteros 식으로 건설되었다. 아테네와 페르시아 전쟁 기간 동안 파괴되었다가, 6세기에는 성모마리아에게 헌정되었다. 오스만 시절에는 이슬람 사원으로 개조되기도 했었다. 이 건물의 특징은 기둥의 간격이 균일하게 보이도록 하기 위해 기둥의 굵기가 다르게 조절되었다는 점이다.

파르테논 신전 프리즈 오른편에는 두드러지게 튀어나온 말의 머리가 보인다. 이것의 진품은 대영박물관에 있다. 이 말은 그리스 시대의 조각가 피디아스Phidias의 작품으로 '셀레네의 말'이라고 한다.

클렌체(Leo von Klenze, 1784-1864): 아크로폴리스(1846). 뮌헨 신 피나코텍.

파르테논 신전. 아테네 아크로폴리스.

미네르바 신전. 튀니지의 스베이틀라.[3]

---

3 튀니지의 고대 도시로 고대 로마의 유적이 있음.

판아테나이아 축제

고대 그리스의 아테네에서는 4년에 한 번씩 7월에 대大 판아테나이아Great Panathenaia 축제가 거행되었다. 소小 판아테나이아Lesser Panathenaia는 매년 거행되었다.

판아테나이아 축제는 아테나와 포세이돈이 경쟁을 한 뒤, 아테나가 도시의 수호신이 된 이후로 시작되었다. 이 축제는 12일 동안 거행되었는데, 백 마리의 황소가 제물이 되고, 운동경기와 아크로폴리스[4]로 행진하는 행사가 있었다. 대 판아테나이아 축제에는 음악 경연대회와 승마대회도 거행되었다.

판테온의 프리즈에는 아테나이인들이 제물로 사용될 소들을 파르테논 신전으로 끌고 가는 모습이 돋을새김으로 새겨져 있다.

판테온 프리즈:
제물로 바쳐지는 소떼.
영국 대영 박물관.

---

4 그리스 도시 국가에는 대부분 도시 한가운데 약간 높은 언덕이 있어, 이것을 '폴리스'라 하였다. 아크로는 '높은'이란 뜻으로 아크로폴리스는 그리스 도시 국가의 중심지에 있는 언덕이다.

아테나와 아라크네

오비디우스의 『변신 이야기』(6권 1-145행)에 '아라크네Arachne와 미네르바의 베 짜기 경쟁'에 대한 이야기가 나온다. 아라크네는 리디아Lydia[5]에 사는 염색공 이드몬Idmon의 딸로 베를 짜는 솜씨로 온 도시에 명성이 나 있었다. 아테나가 노파의 모습으로 나타나, 아테나 여신과 경쟁할 수 있다는 아라크네에게 신에게 도전하지 말라는 충고를 하게 된다. 그러나 아라크네는 오히려 아테나에게 도전을 한다.

그녀는 자신의 천에 '제우스에게 끌려가는 에우로페', '백조와 제우스' 등의 제우스의 겁탈과 크로노스(사투르누스)가 아내 레아의 눈을 피해 요정 필리라Philyra에 접근하여 카론을 낳는 등의 신들이 저지른 비행非行 이야기를 넣어 짰다. 아테나가 짠 작품 중앙에는 아테나와 포세이돈(넵투누스)이 도시 아테네를 차지하려고 다투던 분쟁의 이야기도 담겨져 있었다. 그리고 천의 모퉁이에는 신들에게 불손해 벌을 받는 인간들의 이야기를 담았다.

그 중 하나는 자신들을 신들이라 칭하던 '트라키아Thrakia의 로도페Rhodope와 하이모스Haemus', 다른 하나는 헤라를 숭배하지 않아, 학으로 변한 피그마이오이Pygmaioi 족의 여왕 오이노에Oinoe, 세 번째는 유노의 아름다움과 다투다가 새로 변한 트로이의 왕

5 리디아(Lydia): 고대의 지역명으로 현재 터키의 이즈미르(Izmir) 주와 마니사(Manisa) 주를 의미한다.

라오메돈Laomedon의 딸 '안티고네Antigone',[6] 네 번째는 아폴론과 넵투누스에게 트로이의 성벽을 쌓아주면 대가를 주겠다고 약속해놓고 어긴, 키프로스Cyprus의 왕 키니라스Cinyras 등의 이야기가 담겨있는 천을 짰다. 그리고 마지막에는 자신의 상징인 올리브 가지로 가장자리를 장식하였다.

아라크네의 작품이 아테나의 작품보다 훨씬 훌륭하였다. 그러자 아테네는 아라크네의 베를 찢어버린다. 그러자 아라크네는 자살을 기도한다. 아테나는 아라크네에게 마법의 여신인 헤카테Hekate의 즙을 뿌려 거미로 만들었다. 그 후로 그녀는 실을 뽑아 베를 짜는 거미가 되었다고 한다.

스페인의 화가 벨라스케스의 <실 잣는 여인들> 전경에는 털실을 감고 있는 아라크네와 노파로 변장하고 물레를 돌리는 아테나의 모습이 담겨 있다. 후경에 갑옷과 투구 차림의 아테나와 에우로페를 납치하는 제우스의 이야기가 담긴, 태피스트리를 짜고 있는 아라크네를 작품에 표현하고 있다. 아라크네가 자신의 천에 짠 제우스가 에우로페를 납치하는 장면은 당시 스페인 왕실에 걸려있던 티치아노의 <에우로페의 납치>(1562)를 모델로 한 것이다. 에우로페를 납치하기 위하여 황소로 변한 제우스의 이야기를 작품 속에 넣은 것이라, 아테나는 더욱 격분하였다.[7]

---

6 라오메돈(Laomedon)의 딸 '안티고네': 라오메돈의 딸 안티고네와 오이디푸스의 딸 안티고네는 동명이인이다.

벨라스케스(Diego Velazquez, 1599~1660): 실 잣는 여인들(1657). 마드리드 프라도 미술관.

티치아노(Tiziano Vecellio, 1488~1576): 에우로페의 납치(1562).
미국 보스톤의 이자벨라 스튜어트 가드너 박물관.

---

7 김영숙(2014: 프라도 미술관에서 꼭 봐야 할 그림. 후마니스트출판그룹, 142쪽.

아프로디테

아프로디테의 탄생설화는 다양하다. 첫 번째는 제우스와 티탄족인 디오네 사이에서 태어났다는 설이 있다. 다른 설화는 그리스의 대표적 서사시인 헤시오도스의 『신들의 계보』(188~206행)에 적혀 있는 것으로, 잘린 우라노스의 생식기에서 흰 거품이 일면서, 아프로디테가 탄생하였다는 것이다.

그녀는 서풍 제피로스에 실려 키프로스에 도착하였고, '계절의 여신'이 그녀를 맞이하였다. 보티첼리의 <비너스의 탄생>에는 바로 이 이야기가 표현되어 있다.[8]

카바넬(Alexandre Cabanel, 1823~1889): 비너스의 탄생(1863). 파리 오르세 미술관

---

8 제피로스와 클로리스 참조.

제우스는 자신에게 벼락을 만들어준 헤파이스토스를 아프로디테와 결혼을 하게 하였다. 아프로디테에게는 수를 잘 놓은 띠가 있었는데, 이 띠에는 상대의 애정을 불러일으키는 힘이 있었다고 한다.

프랑스 출신의 화가인 카바넬의 <비너스의 탄생>은 거품에서 탄생한 비너스의 탄생을 묘사하고 있다. 이 작품은 1863년 살롱전에 전시한 작품 중에 가장 성공한 작품으로 평가된다. 왜냐하면 나폴레옹 3세가 이 작품을 개인 소장으로 사들였기 때문이다. 그의 작품에는 비너스가 이마에 손을 올리고, 마치 침대 위인 것처럼 바다 위에 누워있다.

이 작품은 그녀가 눈을 뜬 것 같기도 하고, 감은 것 같기도 한 모습과 정교하게 그려진 파도로 유하다.

프랑스의 로코코 미술을 대표하는 화가 프랑수아 부셰의 그림은 트로이의 왕자 앙키세스Anchises 사이에서 태어난 자신의 아들이자, 반인반신인 아이네이아스Aeneas (로마에서는 아이네아스(Aeneas)) 에게 주려고 호랑이 모피에 앉아 있는 남편 헤파이스토스에게서 무기를 받는 아프로디테를 표현한 것이다.

부셰는 아프로디테를 표현할 때 자신의 특유의 색채인 분홍과 산호빛을 쓰고 있다. 그림의 아랫부분에는 장미꽃으로 된 화환이 놓여 있다.

부셰(François Boucher, 1703~1770): 아이네이아스에게 줄 무기를 비너스에게 건네는 불카누스(1757). 파리 루브르 박물관.

밀로의 '비너스'는 헬레니즘 미술의 고전적 경향을 보여준다고 평가된다. 원래 그리스 작품인데, 밀로의 비너스로 알려져 있다. 그리스 조각가 안티오크의 알렉산드로스Alexandros of Antioch의 작품이라 평가된다. 밀로는 조각품이 발견된 그리스의 섬 이름을 뜻한다.

밀로의 비너스(B.C. 130~100).
파리 루브르 박물관.

기예모(Alexandre Charles Guillemot, 1786~1831):
아레스와 비너스, 그리고 불카누스(1827). 인디애나폴리스 미술관

야코보 아미고니(Jacopo Amigoni, 1682~1752): 비너스와 아도니스.
베네치아 아카데미아 미술관.

에로스

아프로디테의 아들이자, 사랑의 신 에로스는 항상 어머니와 같이 다녔다. 그는 화살을 가지고 다니면서 신이나 인간의 가슴에 사랑의 화살을 쏘곤 했다. 그는 주로 어린아이의 모습으로 등장한다.

프시케Psyche는 너무도 아름다워, 사람들은 아프로디테에게 바친 찬사를 프시케에 바치게 되었다. 화가 난 아프로디테는 에로스를 불러, 프시케에게 화살을 쏘아 비천한 남자에게 사랑에 빠지도록 하였다.

푸생(Nicolas Poussin, 1594-1665): 큐피드들과 개들(1630). 에르미타주 박물관.

에로스는 잠자는 프시케에게 다가가 그녀의 옆구리에 화살촉을 대었다. 그때 눈을 뜬 프시케에 놀라 에로스는 자신의 몸에 상처를 내고 말았다.

아프로디테에게 미움을 받게 된 프시케에게 그 누구도 청혼하지 않았다. 그녀의 부모는 아폴론의 신탁에 질문한다. 그러자 아폴론의 신탁은 프시케가 인간의 아내가 될 운명이 아니며, 산꼭대기에 그녀를 기다리는 신랑이 있다고 하였다. 결국 사람들이 프시케를 산꼭대기로 보냈다. 너무도 두려워 눈물을 흘리는 프시케를 서풍 제피로스가 그녀는 꽃이 피어있는 골짜기로 옮겨 주었다. 그 후의 일은 로마의 작가 루키우스 아풀레이우스 Lucins Apuleius의 『황금 당나귀』에 자세하게 묘사되어 있다.

라파엘로(Raffaello Sanzio, 1483~1520):
에로스에게 프시케를 향해 활을 쏘라고 명령하는 비너스(1518). 로마 파르네시아 궁전.

주세페 크리스피(Giuseppe Crespi, 1665~1747): 큐피드와 프시케(1707~1709). 우피치 미술관.

이탈리아 르네상스의 화가 라파엘로의 작품 <에로스에게 프시케를 향해 활을 쏘라고 명령하는 비너스>는 파르네세 궁에 에로스와 프시케의 이야기가 그려진 방에 있다. 라파엘로는 화가 난 비너스가 프시케로 하여금 비천한 남자에게 사랑에 빠지도록 에로스에게 활을 쏘라고 명령하는 상황을 표현한 것이다.

크리스피의 <큐피드와 프시케>는 프시케가 등을 켜서 에로스를 관찰하다가, 그를 깨우는 장면을 묘사하고 있다.

프시케

아풀레이우스의 『황금 당나귀』에 나오는 5장 「큐피드와 프시케의 사랑」과 6장 「쾌락을 낳은 사랑과 영혼」에 에로스와 프시케의 사랑 이야기가 상세히 나온다. 프시케는 숲 속에서 잠을 자다가 깨어나, 근처에 있는 멋진 저택에 들어갔다.

안토니오 카노바(Antonio Canova, 1757~1822): 에로스의 키스로 되살아난 프시케(대리석). 파리 루브르 박물관.

그녀는 멋진 저택의 아름다움에 놀랐지만, 자신의 행운이라 믿고 만찬을 즐기고 침대에 누웠다. 그리고 어떤 남자가 다가와 그녀는 그의 아내가 되었다. 그 후 그녀는 그 멋진 저택에 형체가 없는 하인이 있다는 것을 즐거움으로 알게 되었다.

그녀의 신변에 이상이 있다는 것을 알게 된 언니들이 그녀를 찾아 올 것을 남편이 이야기를 하였고, 그들의 말을 듣지 말라고 한다. 그러나 너무 외로움을 느낀 프시케는 언니들을 잠깐 만나게 해달라고 요청했다. 도착한 언니들은 프시케가 사는 모습을 보고 질투심에 프시케를 죽이려는 계획을 짜고, 프시케의 남편이 뱀일 것이라고 모함을 하며, 그가 도착하면 단도로 죽이라고 한다.

프시케는 언니들의 꼬임에 넘어가, 밤에 도착한 남편을 죽이려고 등을 켰다. 프시케는 그가 다름 아닌 에로스(큐피드)임을 알게 된다. 프시케는 남편의 무기를 살펴보다가 그만 화살촉에 찔리고 말았다. 그리고 그녀는 사랑에 빠지게 된다. 그러다 램프가 큐피드의 오른쪽 어깨 위에 떨어졌다. 큐피드는 화상에 고통스러워하며 눈을 떴고, 프시케를 떠났다. 그가 떠난 뒤, 프시케는 비너스를 찾아가 용서를 빌었다. 아프로디테는 프시케에게 용서를 받고 싶다면, 여러 가지 임무를 해내라고 하였다.

그 임무들은 다음과 같다. 첫 번째는 씨앗을 가려내고 곡식을 종류별로 분리하는 작업이었다. 개미가 프시케를 도와주어 모든 작업을 마쳤다. 두 번째 임무는 난폭한 황금양의 양털 가져오기이다. 그러자 갈대가 양들이 잠이 드는 시간에 양털을 주워오라고 조언해 주었다. 두 번째 일도 프시케는 완성할 수 있었다. 세 번째는 산꼭대기에 있는 샘물 길어오기였다.

큐피드에게 도움을 받았던 독수리가 프시케를 도와주어 임무를 끝내자, 아프로디테는 마지막으로 상자를 주어 지하의 세계에 있는 페르세포네Persephone의 아름다움을 담아 오라고 심부름을 시킨다. 프시케는 말을 하는 탑의 도움을 받아 페르세포네의 선물을 받게 되었고, 중간에 상자를 열어보지 말라는 당부를 받게 된다. 그러나 호기심에 뚜껑을 열고 말았다. 상자 안에 든 것은 페르세포네의 아름다움이 아니라 지하세계의 잠이었다. 프시케는 죽음과 같은 잠에 빠져들게 되었다. 이때 상처가 거의 나은 큐피드가 사랑하는 프시케를 찾아 잠을 떼어내고 상자를 닫고, 화살촉으로 그녀를 깨운다. 그리고 아프로디테가 두려워 큐피드는 주피터의 도움을 받아 프시케를 불멸의 신으로 만들었다.[9]

프시케가 페르세포네의 상자를 열어보았다는 것은 뱀에 의해 유혹당하는 아담의 경우처럼, 호기심으로 인해 사랑의 영역에서 내쫓기는 것으로 해석된다.

이탈리아의 조각가 카노바의 <에로스의 키스로 되살아난 프시케>는 아풀레이우스의 『황금 당나귀』에 나오는 '에로스와 프시케' 이야기를 묘사한 것이다. 그림에는 에로스가 프시케에게 입맞춤 하는 장면이 묘사되었다.

에로스는 제우스에게 도움을 요청하였다. 프시케는 제우스에게서 암브로시아를 받아 마시고, 신이 되어 에로스와 더불어 신의 세계에서 살게 된다.

---

9 루키우스 아풀레우스스(2018): 황금당나귀. 송병선 역. 현대지성, 143~200쪽 참조.

아도니스

오비디우스의 『변신 이야기』(10권 519-559행)에 아프로디테와 아도니스의 사랑 이야기가 나온다. 어느 날 아프로디테는 에로스의 화살에 찔리고 말았다. 아프로디테는 상처가 낫기도 전에, 아도니스Adonis라는 청년을 보자, 그만 사랑에 빠지게 된다.

그녀는 그 후 아도니스의 뒤만 쫓아 다녔다. 그가 사냥을 좋아하여, 아프로디테도 사냥을 함께 하였다. 아프로디테는 항상 아도니스에게 공포를 모르는 동물을 공격하지 말라고 경고했다.

오비디우스의 『변신 이야기』(10권 708-739행)에 아도니스의 죽음에 대한 이야기가 나온다. 아프로디테가 아도니스를 잠시 떠나

르무아느 (François Lemoyne, 1688-1737): 아프로디테와 아도니스(1792).

있던 어느 날, 아도니스는 사냥을 하다가 자신의 창에 맞은 멧돼지에게 공격을 당해 큰 상처를 입고 죽고 말았다. 아프로디테는 아도니스가 죽은 것을 기억하는 축제가 열리도록 하였다. 고대 그리스에서는 매년 6월 말에 아도니스제의 행렬이 이루어졌다고 한다.

아프로디테는 아도니스를 꽃으로 변신시키고자 하여, 아도니스의 피 위에 넥타르를 뿌렸다. 피와 넥타르가 섞이자, 석류빛 꽃이 피어났다. 이 꽃은 '아네모네', 즉 '바람꽃'이라고 불린다. 아네모네는 매우 연약한 꽃으로 아네모스Anemos (바람)의 숨결이 미치자 금방 시들고 만다. 이는 짧은 생을 살았던 아도니스의 생애를 상징한다.[10] 이탈리아의 화가 캄비아소의 <아프로디테와 아도니스>는 사랑에 빠진 아프로디테와 아도니스를 그리고 있다.

티치아노의 <비너스와 아도니스>는 비너스가 아도니스가 사냥 가는 것을 막는 모습으로 형상화되어 있다. 사냥개 세 마리가 아도니스 옆에 있고, 그의 허리에는 호른이 달려 있다. 왼쪽에 있는 나무 밑에는 에로스가 잠들어 있고, 에로스의 활과 화살 통은 나무에 걸려있다. 이 상황은 지금은 사랑의 시간이 아니라는 의미이다. 하늘에는 한 인물(태양신 아폴론)이 마차를 타고 있는데, 이는 새벽을 의미한다. 아프로디테는 장식용 술이 달린 두꺼운 테이블보로 덮여 있는 바위 위에 앉아 있다.

---

10 사에구사 가즈코(1995): 앞의 책, 92 쪽 이하 참조.

루카 캄비아소(Luca Cambiaso, 1527-1585): 아프로디테와 아도니스.
파리 루브르 박물관.

티치아노(Vecellio Tiziano, 1490~1576): 비너스와 아도니스(1554).
마드리드 프라도 미술관

티치아노는 <비너스와 아도니스>를 여러 번 형상화하였다. 티치아노의 <아프로디테와 아도니스>는 마드리드 프라도 미술관 외에 워싱턴의 국립미술관(파르네세 타입), 영국 옥스퍼드 애쉬몰리언 박물관Ashmolean Museum(로잔 버전), 로스앤젤레스 근교 말리부의 게티 박물관getty Museum과 로마의 국립 고전회화관 등에도 전시되어 있다.

앙키세스

호메로스의 『일리아스』(2권 819~821행)에 아프로디테와 앙키세스의 이야기가 나온다. 트로이아의 이다산 근처에 아름다운 청년

양치기 앙키세스가 살고 있었다. 어느 날 아프로디테는 앙키세스를 보게 되었다. 그의 모습에 반한 아프로디테는 그를 유혹하여 잠자리를 하였다. 그리고 트로이의 영웅 아이네이아스가 태어났다. 트로이가 멸망한 뒤, 아이네이아스는 이탈리아에서 로마를 건설하였다. 그래서 '로마의 수호신'은 아프로디테이다.

영국 출신의 화가 리치몬드는 산에 도착한 아프로디테의 모습을 꽃이 피는 봄이 다가오는 것으로 상징화시키고 있다. 비둘기들이 그녀의 주위에 보인다. 앙키세스의 모습은 별로 두드러지지 않는다. 사랑이 자연의 창조적인 면모를 보이는 것으로 초점이 맞춰져 있다.

리치몬드(William Blake Richmond, 1842~1921): 아프로디테와 앙키세스(1889~1890). 리버풀 워커 미술관.

아폴론

아폴로도로스의 『원전으로 읽는 그리스 신화』(1권 4.1)에 아폴론의 탄생에 대해 나온다. 아폴론은 레토와 제우스 사이에 탄생한 이로, 아르테미스와 남매이다. 제우스에 의해 임신한 레토는 헤라에게 쫓겨 다니다, 델로스에 도착하여 맨 처음 아르테미스와 아폴론을 낳았다.

아폴론은 음악, 진실과 예언, 치유, 빛의 신이다. 그는 병과 고통을 줄 수 있는 신으로, 치유는 아들 아스클레피우스Asclepius(로마 신화에서는 아이스쿨라피우스(Aesculapius))를 통해 이루어진다. 아폴론는 양과 소의 수호신이기도 한다.

델로스의 신전에 있던 아폴론 신전의 그림은 펜과 수채화를 사용하여 19세기에 복원된 것이다. 델로스는 그리스 령 키클라

델로스의 아폴론 신전. 19세기 펜과 수채화로 복원한 것.

델피의 아폴론 신전.

데스Cyclades 제도의 가장 작은 섬으로 아폴론이 태어난 곳이다. 델피(혹은 델포이(Delphoi))는 파르나소스산의 남쪽에 위치하는 아폴론의 성지이다. 델피의 신전은 첫 번째 신전이 불에 타고, 코린트의 스피나루스Spintharus of Corinth, 크세도로스Xenodoros와 아가톤Agathon에 의해 다시 건립된 것이다.

아스클레피우스와 키클롭스

아폴로도로스의 『원전으로 읽는 그리스 신화』(3권 10.3-4)에 아스클레피우스에 대해 나온다. 그는 아폴론과 아르시노에Arsinoe[11]의 아들이라 한다. 다른 설에 의하면 아스클레피오스는 테살리아Thesalia(영어로는 'Thessaly')[12] 왕 플레기아스Phlegyas의 코로니스Coronis

11 아스클레피우스를 낳은 아르시노에는 레우키포스(Leukippos)의 딸로, 알크마이온의 아내와 동명이인이다.

12 테살리아(Thesalia), 영어로는 'Thessaly': 테살리아는 고대와 현재에도 똑같이

와 아폴론 사이에서 탄생되었다고 한다. 코로니스가 아폴론의 아이를 임신한 채 이스키스Ischys와 결혼하자, 까마귀가 이 사실을 아폴론에게 전달하였다. 아폴론은 이제까지 흰색이었던 까마귀를 검게 만들고, 코로니스와 이스키스를 죽인다. 코로니스가 화장될 때, 아폴론은 아이를 꺼내 케이론에게 데려갔다. 아스클레피우스는 케이론에게 의술과 사냥을 배우게 된다.

제우스는 사람들이 아스클레피우스에게서 의술을 배워 자연의 법칙을 거슬러 죽은 자들을 살려낼까 두려워, 번개를 쳐서

아스클레피우스.
에피다우루스 고고학 박물관.

사용되는 그리스 북부에 있는 지역명이다. 호메로스의 『오디세이아*Odysseia*』에는 에올리아(Aeolia)라 되어 있다.

에피다우루스의 아바톤.

아스클레피오스를 죽였다. 아폴론도 화가 나 벼락을 만들어서 키클롭스를 죽여, 제우스의 노여움을 산다. 제우스는 아폴론을 지옥 끝에 있는 타르타로스에 가두어두었다가, 노여움이 풀리자 아폴론을 페라이Pherae의 왕 아드메토스Admetus에게 보낸다.

아스클레피우스는 의술의 신으로, 에피다우루스 고고학 박물관에 있는 그의 동상에는 뱀이 감겨져 있는 긴 지팡asklepian를 들고 있다. 뱀이 감겨져 있는 지팡이는 헤르메스의 지팡이 카두케이스Caduceus와 혼동되기도 한다.

에피다우루스Epidurus[13]에 있는 아스클레피우스 신전, 특히 신전 옆 치료소인 아바톤Abaton은 고대에서 가장 유명한 병원을 의미한다.

13 그리스 펠로폰네소스에 있는 고대 도시. 이곳에 아스클레피우스와 연관된 신전, 병원, 원형극장 등이 있다.

플레기아스

플레기아스는 군신 아레스와 크리세Chryse 사이에서 탄생하였다. 그는 아폴론이 그의 딸을 죽인 것에 분노하여, 아폴론 신전이 있는 델포이를 공격, 아폴론의 아들이자 음유 시인인 필람몬Philammon을 죽이고 신전을 약탈한다. 신을 모독한 그는 지하 세계에서 고통을 받게 되었다. 베르길기우스의 『아이네이스』(6권 618~620행)에는 아이네이아스가 플레기아스가 익시온 옆에서 고통 받는 것을 보았다고 언급되어 있다.

단테의 『신곡』의 지옥편(8권 13~24행)에서 플레기아스는 자신의 배에 단테와 베르길리우스를 태워 스틱스 강을 태워주는 사람으로 표현된다.

단테와 베르길리우스와 함께 있는 플레기아스: 밀라노의 폴디 페촐리 미술관의 스테인드글라스.

작은 배 한 척이 우리를 향해
물을 헤쳐 오고 있었다.
사공 혼자서 노를 젓고 있었다.

활시위를 떠난 화살이 제아무리 빠르게
공중을 난다 해도 그처럼 빠르지는 않았을 것이다.
사공이 외쳤다. "여! 이 망할 영혼! 또 왔는가!"

선생님이 말을 받았다. "플레기아스! 플레기아스!
이번에도 쓸데없이 소리를 지르는구나. 넌 참견하지 마라!
다만 이 진구렁을 우리가 배로 건네게 해다오!"

마치 터무니없는 속임수에
불끈 성을 내는 사람처럼,
플레기아스는 분노로 펄펄 끓는 듯했다.

여기에서 플레기아스의 성급하고 불같은 성격이 두드러진다. 밀라노의 폴디 페촐리 박물관Museo Poldi Pezzoli[14]의 스테인드글라스에는 플레기아스가 젓는 배에 단테와 베르길리우스가 타고 있는 모습이 담겨져 있다.

파르나소스산

파르나소스산은 아폴론에게 봉헌된 산이자, 무사이 Mousai (단수는 무사(Mousa), 복수는 무사이, 보통 뮤즈(Muse)라 한다) 여신들의 고향으로 예술

---

14 이탈리아 백작 페촐리(Gian Giacomo Poldi Pezzoli, 1822~1879)의 개인 소장품으로 19세기에 만들어진 박물관이며, 밀라노 스칼라 극장 근처에 위치해 있다. 주로 북부 이탈리아 르네상스 작품과 플랑드르 예술가의 작품이 많다.

과 문학을 상징하는 곳이다. 실제로 파르나소스산은 아테네에서 150여km 떨어진 델포이 근처의 산 이름이기도 하다. 무사이의 고향은 올림포스 산자락에 피에리아Pieria라고도 한다.

바티칸에 있는 라파엘로의 <파르나소스>의 가운데에는 아폴론이 바이올린을 켜고 있다. 아폴론의 오른쪽에는 로마의 시인 스타티우스Publius Papinius Statius (45?~ 96), 예술의 신 무사이 중 한 명인 희극의 뮤즈인 탈리아Thalia, 역사를 담당하는 클리오Clio(혹은 클레이오(Kleio)), 플루트 등의 악기를 들고 있는 관악기의 뮤즈 에우테르페Euterpe, 그리고 서사시를 담당하는 칼리오페Calliope가 자리 잡고 있다. 그 옆에는 외투와 월계관을 착용한 단테, 호메로스, 그리고 베르길리우스가 있다.

아놀드 호우브라켄(Arnold Houbraken): 아테나가 파르나소스산의 아폴론을 방문하다(1703). 네덜란드 도르드레흐츠 미술관.

반 루(Louis-Michel van Loo, 1707~1771):
희극의 뮤즈 탈리아.
마드리드 미술관.

프란초니(Carlo Franzoni, 1789~1819):
클리오와 마차시계.
미국 워싱턴의 의사당 내 조각 수집관.

유스타쉬 르 쉬외르(Eustache Le Sueur, 1616~1655):
클리오, 에우테르페와 탈리아(1652~1655). 파리 루브르 박물관.

바티칸의 태피스트리: 파르나소스(1683~1689). 파리 루브르 박물관.

라파엘로 Raffaello Sanzio(1483-1520): 파르나소스(1510~1511). 로마 바티칸의 서명의 방.

호메로스는 격정적으로 휩싸인 모습을 보이고 있다. 아폴론의 왼편에 뒤를 돌아보고 있는 여인은 무사이 중의 한 사람으로 사랑의 시와 춤을 담당하는 에라토Erato, 그 옆에는 이탈리아의 시인 아리스토Ludovico Aristo (1474-1533), 그리고 이탈리아의 작가 보카치오Giovanni Boccaccio (1313- 1375)가 있다. 그림의 왼편 아래 부분에는 그리스의 서정시인 삽포Sappho (B.C. 612(?)-?)가 자리 잡고 있다.

보통 아폴론은 무사게테스Musagetes라는 별칭을 가지고 있다. 이는 예술의 신으로 숭배되면서, 아폴론이 무사이 여신의 보호자이자, 그들을 이끄는 자라는 의미를 지니게 된 것이다.[15]

스위스 출신의 역사학자 부르크하르트Jacob Burckhardt (1818-1897)

---

15 게롤트 돔머무트 구드리히(2000): 신화. 안성찬 옮김. 해냄, 76쪽 참조.

는 그의 저서 『치체로네*Cicirone*』(영국판 1873, 독일판 1899)에서 "무사이가 시인들 사이에 배치되어 있는 것은, 그들이 산 위에서의 삶을 공유하는 의미이다"라고 평하고 있다. 또한 미켈란젤로의 무사이는 고증된 모습이 아니라, 화가 미켈란젤로가 자신만의 무사이를 그린 것이다.[16]

파리의 루브르 박물관에 있는 태피스트리 <파르나소스>는 라파엘로의 <파르나소스>를 태피스트리로 재현한 것이다. 이 작품은 루이 14세 시대의 양탄자 공장으로 유명한 고블랭Gobelin 공장에서 만들어졌다.

피에로스의 9명의 딸들

오비디우스의 『변신이야기』(5권 662~678행)에 마케도니아 지방 에마티아Emathia란 곳의 피에로스Pierus 왕의 9명의 딸에 대한 이야기가 나온다. 그는 자신의 딸들에게 무사이의 9명의 이름을 지어주었다. 딸들은 무사이와 실력을 겨눌 수 있다고 자신하여 무사이와 노래 시합을 하였다. 그러나 그들은 시합에 지자, 욕설을 퍼붓는다. 무사이 여신들은 그들의 무례함에 화가 나, 그들을 까치로 만들어 버린다. '피에로스'란 이름은 무사이의 탄생지라 추정되는 '피에리아'의 기원Epynom이라고 설명된다.

---

16 야콥 부르크하르트(2015): 치체로네. 이탈리아 미술을 즐기기 위한 안내. 회화편. 박지형 옮김. 325쪽 참조.

아드메토스

테살리아의 페라이의 왕 아드메토스는 아폴론을 잘 대해 주었고, 아폴론도 아드메토스 왕을 도와주었다. 특히 아드메토스가 펠리아스Pelias[17]의 딸 알케스티스Alkestis에게 구혼할 때, 아폴론은 많은 도움을 주었다. 펠리아스는 아드메토스에게 사자와 멧돼지에게 멍에를 씌워 전차에 달아주면 자신의 딸을 주겠다고 했다. 아폴론이 이를 대신해주었고, 아드메토스는 알케스티스와 결혼할 수 있었다. 그리고 아폴론은 아드메토스 왕의 모든 가축이 쌍둥이를 출산하게 해주어, 왕의 재산은 더욱 많아 졌다.

아드메토스가 죽을 운명에 달하자, 아폴론이 나섰다. 아폴론은 다른 누군가가 아드메토스를 대신해 죽으면, 아드메토스가 죽지 않아도 된다고 운명의 여신의 약속을 받아냈다. 그러자 아내 알케스티스가 대신 죽었다. 그러자 하데스의 아내 페르세포네는 그녀를 지상으로 돌려보낸다.[18]

피톤

아폴론은 판에게서 예언술을 배운 뒤, 델포이로 갔다. 당시 신탁소를 지키던 피톤Python이라는 뱀이 아폴론을 접근하지 못하게 하자, 그는 뱀을 죽이고 신탁소를 차지했다.

---

17 펠리아스(Pelias): 이올코스(Iolcos)의 왕. 이아손 신화 참조.

18 헤라클레스 참조.

벨베데레의 아폴론
(피톤을 죽이는 아폴론.
B.C. 350~325에 완성된 작품을
A.D. 120~140에 모사한 것임)
바티칸 박물관.

오비디우스의 『변신 이야기』(1권 432~451행)에 피톤 제전에 대한 이야기가 나온다. 아폴론은 피톤을 활로 쏘아 죽이고, 자신의 행적이 잊히지 않도록 자신이 제압한 피톤의 이름을 따, 피톤 제전을 창시하였다.

바티칸 박물관의 벨베데레 궁전의 아폴론상은 15세기 네로Nero Claudius Caesar Augustus Germanicus 황제(37~68)의 별장에서 발견되었다. 아폴론이 왼손에는 궁시, 오른 손에는 월계수를 들어, 활을 쏘는 궁수의 모습으로 묘사된 이 작품은 현재 바티칸 박물관의 피오 클레멘티노Pio-Clementine 전시관에 전시되어 있다. 아폴론의 망토는 오른쪽에 묶여 있고, 왼팔로 돌려져 있으며, 샌들을 신고 있지만, 전체적으로 나신으로 표현되어 있다. 오른팔과 왼손은 분실되었는데, 미켈란젤로의 제자인 몬트리솔리Giovanni Angelo Montorsoli (1507~1563)에 의해 복원되었다.

클리티에

오비디우스의 『변신 이야기』(4권 214~270행)에 태양신 아폴론, 테티스의 딸이자 물의 요정 클리티에Clytie와 그녀의 동생 레우코테아Leucothea에 대한 이야기가 나온다. 아폴론은 그녀의 어머니 에우리노메Eurynome의 모습으로 레우코테아에게 접근한다. 클리티에는 아폴론이 자신의 동생을 사랑하는 것을 알게 되자, 아버지에게 일러바친다. 아버지는 화가 나, 딸을 생매장시킨다.

샤를 드 라 포스(Charles de La Fosse, 1636~1716): 해바라기로 변한 클리티에(1688). 베르사유 궁전.

레우코테아가 죽고 나자 더욱더 자신을 바라보지 않는 아폴론 때문에 클리티에는 9일 동안 식음을 전폐하고, 하늘만 쳐다보았다. 그러자 그녀의 사지가 땅에 달라붙고, 온 몸이 식물로 변했다. 이것이 바로 태양이 움직이는 대로 따라 움직이며, 늘 태양을 바라보는 '해바라기 꽃'이다.

다프네

오비디우스의 『변신 이야기』(1권 452~567행)에 다프네에 관한 이야기가 나온다. 아폴론이 활을 가지고 노는 에로스를 조롱하자, 그는 파르나소스산에 올라가 화살 두 개를 꺼냈다. 하나는 화살촉이 뾰족하고 황금으로 만들어진 사랑의 화살이고, 다른 하나는 무딘데다 납으로 만들어진 사랑을 거절하는 화살이다. 에로스는 강의 신 페네이오스Peneus (혹은 페네오스)의 딸 다프네Daphne에게 납으로 만들어진 화살을 쏘고, 아폴론에게는 황금화살을 쏘았다.

티에폴로(Giovanni Battista Tiepolo, 1696~1770): 아폴론과 다프네. 파리 루브르 박물관.

베르니니(Giovanni Lorenzo Bernini, 1598~1680):
아폴론과 다프네.(1622~1625).
로마 보르게세 미술관

다프네는 숲 속을 뛰어다니면 들짐승을 사냥하는 것을 즐겨했다. 에로스의 화살을 맞은 아폴론은 다프네의 뒤를 쫓아 사랑을 애걸했으나, 다프네는 더 빨리 도망쳤다.

다프네는 계속 자신에게 사랑을 애걸하고 뒤쫓는 아폴론을 피하려 했으나 지쳐 쓰러질 것 같아, 아버지인 페네이오스에게 자신의 몸을 바꾸어 자신을 구해달라고 도움을 요청했다. 그러자 다프네의 몸이 서서히 굳어지며, 머리카락은 나뭇잎으로, 두 팔을 가지로 자라 월계수 나무로 변했다. 그러자 아폴론은 나무로 변한 다프네에게 이제부터 왕관대신 월계수를 머리에 쓰겠노라고 말한다.

바로크 조각의 시조인 베르니니의 조각 <아폴론과 다프네>에는 아폴론이 다프네를 쫓아가고, 그녀의 몸이 월계수로 바뀌는 모습이 동시적으로 묘사되었다.

히아킨토스

오비디우스의 『변신 이야기』(10권 162~219행)에 아폴론과 히아킨토스에 대한 이야기가 나온다. 아폴론이 히아킨토스Hyacinthus와 함

장 브로크
(Jean Broc, 1771~1850):
히아킨토스의 죽음(1801).
프랑스 푸아티에의
생트 크루아 미술관.

께 원반 날리기를 하던 중, 아폴론이 날린 원반이 단단한 땅에서 튕겨져 나가 히아킨토스의 얼굴이 맞게 된다.[19] 아폴론의 의술로도 살아남지 못한 히아킨토스가 죽어가며 흘리는 피에서 피어난 꽃이 '히아신스'이다.

브로크의 작품에는 아폴론은 붉은 망토를 입고 리라(고대 그리스의 작은 현악기)를 메고 있다. 그들의 발밑 왼쪽 부분에 히아킨토스를 죽게 한 원반이 보인다. 배경에는 나무, 산 그리고 강이 보인다.

시빌레

오비디우스의 『변신 이야기』(14권 101~153행)에 시빌레[20]에 대한 이야기가 나온다. 그녀는 나뭇잎에 사람의 운명과 이름을 적어 두어, 자기를 섬기는 사람들이 오면 그들의 운명을 예언해줄 수 있는 능력을 가진 인물이었다. 아폴론은 시빌레가 자신의 사랑을 받아들이는 대신에 그녀의 소원을 들어주었다. 그녀는 손 안에 모래알을 들고, 자신의 생일이 이 모래알 수만큼 되게 해달라고 하였다. 그러나 그녀는 청춘이 그대로 머물게 해달라는 말을 하지 않았다. 그녀는 자신이 나이를 먹을수록 쪼그라들다가 결국 보이지 않게 되다가, 결국 목소리만 남게 되리라는 것을 알게 되었다.

---

19 아폴론의 원반이 히아킨토스에게 날아가게 한 것이 서풍 제피로스가 질투로 바람을 불어 원반이 다른 방향으로 가게 했다는 설도 있다.

20 시빌레: 피티아가 델피 신전에 공식 무녀가 되기 이전에, 시빌레가 신탁을 하였다.

미켈란젤로(Michelangelo, 1475~1564): 델피의 시빌레(1509). 바티칸 시스티나 성당.

미켈란젤로는 바티칸 시스티나 성당에 다섯 명의 시빌레를 그렸다. '시빌레'라는 이름을 가진 이는 여럿이지만, 오비디우스의 『변신 이야기』와 베르길리우스의 『아이네이스』에는 쿠마에의 시빌레가 언급되었다. 『아이네이스』에 표현된 시빌레가 예언을 할 때의 모습은 다음과 같다.

> 그대들의 운명에 관해 물을 시간이오, 보시오. 저기 신이 와 계시오.
> 문 앞의 그녀는 말하는 순간 급작스레 안색도 달라지고
> 혈색도 변했으며, 머리는 풀어 헤쳐졌다. 가슴은 헐떡였고,
> 심장은 심한 흥분으로 부풀고 있었다. 그녀는 더 커 보이고,
> 그녀의 말은 사람의 것처럼 울리지 않았다. 이미 신의 입김을 더
> 가까이 느꼈던 것이다. (6권 56~51행)

미켈란젤로의 <델피의 시빌레>는 로마의 신학자 락탄시우스 Lactantius (Lucius Caecilius Firmianus. 240 추정~320 추정)에 의해 구분된 10명의 시빌레 중에 한 명이다. 델피의 신전에서 예언을 하는 시빌레는

피티아와 구분되어야 한다. 미켈란젤로의 <델피의 시빌레>에는 뒷면에 푸토가 책을 들고 있다. 시빌레의 머릿결과 망토는 바람에 흩날리고 있고, 시빌레의 팔은 근육질로 묘사되어 있다.

마르시아스

아울로스Aulos는 두 개의 관으로 된 피리로, 아테나가 만들었다고 한다. 아테나 여신은 이 악기를 불어 청중을 즐겁게 해주었는데, 피리를 불 때 찡그린 얼굴을 하는 아테나를 보고 에로스가 배를 잡고 웃자, 아테나 여신은 무안해하며 이 피리를 버렸다.

지나가던 사티로스 중 하나인 마르시아스Marsyas가 이 피리를 불어 보고는, 마음에 들어 늘 들고 다녔다. 마르시아스는 이 악기에 대한 자부심을 가지고 있었고, 급기야 뮤즈들의 심판 아래 아폴론의 리라lyre와 자신의 아울로스 중 어떤 것이 더 좋은 소리를 내는지 아폴론과 내기를 하였다. 결국 승리를 한 아폴론은 신들에게 도전한 죄를 물어, 마르시아스를 큰 소나무에 매달아 껍질을 벗겨버렸다.

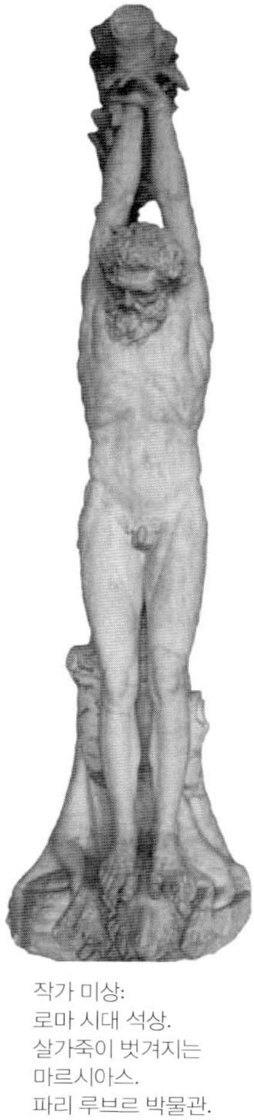

작가 미상:
로마 시대 석상.
살가죽이 벗겨지는
마르시아스.
파리 루브르 박물관.

미다스와 마르시아스

오비디우스의 『변신 이야기』(11권 146~177)에 마이다스와 마르시아스에 대한 이야기가 나온다. 사티로스 마르시아스는 자신의 음악이 아폴론의 음악보다 낫다고 주장하자, 산신 티몰루스Timolus가 심판을 하였다. 그는 아폴론의 키타라Kithara[21]의 소리가 훨씬

골치우스(Hendrick Goltzius, 1588~1617): 미다스의 판결(1590). 보스턴 미술관.

알마 타데마(Lawrence Alma-Tadema, 1836~1912): 삽포와 알카이오스(1881). 볼티모어의 월터스 미술관.

21 리라에서 발전된 것이다.

우월하다고 판결을 내린다. 그러나 미다스는 마르시아스의 음악에 더 매료되었다. 아폴론은 화가 나, 미다스의 귀를 길게 늘여버린다.

네덜란드의 판화가 골치우스의 작품 <미다스의 판결>에는 중앙에 앉은 티몰루스가 떡갈나무 잎을 머리에 쓰고, 아폴론의 음악에 귀 기울이고 있다. 신화에 따르면 티몰루스는 아폴론의 음악이 더 아름답다고 판결하였다고 한다. 시합을 마친 후, 마르시아스의 음악이 아름답다고 한 미다스의 판결에 화가 난 아폴론은, 미다스의 귀를 당나귀 귀로 만들었다. 골치우스는 시합과 당나귀의 귀를 가지게 된 미다스의 상황을 결합하여, 미다스의 귀를 당나귀의 귀로 표현하고 있다. 아테네와 뮤즈들도 함께 하고 있다.

네덜란드 화가 타네마의 작품에는 그리스의 서정시인 알카이오스Alkaios가 키타라를 연주하고, 삽포가 귀 기울이는 모습을 묘사하고 있다.

이아픽스

베르길리우스의 『아이네이스』(12권 391-403행)에 이아픽스Iapyx와 아이네이스의 이야기가 나온다. 아폴론은 이아픽스를 사랑해 그에게 예언술과 의술을 알려주고, 리라와 화살을 주었다. 『아이네이스』 12권에는 아이네이아스가 투르누스Turnus와 대결을 할 것이라고 말하고, 부하들을 전쟁에 참여할 것을 독려하던 중 날아오던 화살에 맞는다. 이아픽스는 아이네이아스의 다리에 입은 상처를 치료해 주었다. 베르길리우스의 『아이네이스』(8권 710행)에는 이아픽스는 서북풍이라 설명되기도 한다.

나폴리 국립 고고학 박물관에는 화살에 상처를 입은 아이네이아스를 이아픽스가 치료해주고 있고, 그 옆에 아이네이아스의 아들 율루스Iulus가 울고 있는 모습의 벽화가 있다.

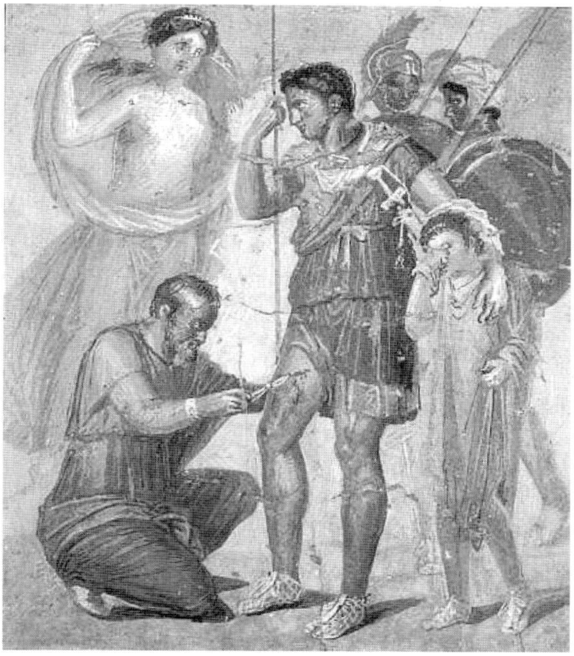

이아픽스가 아이네이스의 다리에서 화살을 꺼내다(A.D. 79).
나폴리 국립 고고학 박물관.

아르테미스

아폴로도로스의 『원전으로 읽는 그리스 신화』(1권 4.1)에는 아르테미스(로마에서는 디아나(Diana))의 탄생과 능력에 대해 언급되어 있다. 아르테미스는 레토의 첫 번째 자식이다.[22] 그녀는 사냥에 전념하여 처녀로 남았고, 판에게서 예언술을 배운 후 델포이로 간다.

이탈리아의 화가 도메니키노의 <다이아나의 사냥>은 사냥하는 아르테미스의 모습을 그린 것이다. 아르테미스는 순결의 수호여신이자, 사냥과 들짐승의 여신, 출생과 성장의 여신, 혹은 달의 여신이다.

부셰의 그림 <목욕을 끝낸 디아나> 속에서 디아나는 매혹적인 젊은 여인으로 묘사되었다.

도메니키노(Domenichino, 1581~1641): 다이아나의 사냥. 로마 보르게세 미술관.

22 아폴론 참조.

프랑소아 부셰(François Boucher, 1703-1770): 목욕을 끝낸 디아나.(1742) 파리 루브르 박물관.

야콥 요르단스(Jacob Jordaens, 1593-1678): 아르테미스의 휴식(1645-1655). 파리 루브르 박물관.

레오카라스(Leokares)의 카피
(B.C. 4세기):
아르테미스와 암사슴.
베르사유의 다이아나로 알려짐.
로마 제국시대의 작품으로 추정됨.
파리 루브르 박물관.

악타이온

오비디우스의 『변신 이야기』(3권 138~252행)에 아르테미스와 악타이온의 이야기가 나온다. 어느 날 카드모스Kadmos 왕의 아들인 악타이온Actaeon은 사냥을 끝내고, 가르가피에Gargaphie라는 골짜기에서 잠시 쉬려 하였다. 그가 머문 곳은 아르테미스의 계곡으로, 숲의 여신 아르테미스가 목욕을 즐겨하는 곳이었다.

아르테미스가 목욕을 하고 있을 때, 이리저리 둘러보던 악타이온이 이곳으로 접근하게 된다. 갑자기 등장한 악타이온으로 인하여 벗은 몸으로 목욕을 하던 아르테미스는 당황하여 침입자의 얼굴에 물을 끼얹었다. 그러자 악타이온의 몸은 사슴으로 변하고 만다.

그는 놀란 나머지 눈물만 흘리고 있었다. 그때 숲속에서 사슴으로 변한 악타이온은 사슴을 몰기 위해 데리고 다니던 사냥개들에 의해 물어뜯기고, 악타이온의 친구들까지 합세하여 그를 뒤쫓았다. 사냥개들에 의해 그의 몸이 뜯기어 숨이 멎을 때까지, 아르테미스의 분노는 가라앉지 않았다.

티치아노의 <악타이온의 죽음>은 오비디우스의 변신 이야기 중, 아르테미스가 개들과 함께 사냥을 하고, 사슴으로 변한 악타이온이 자신의 개에 의해 죽음을 당하는 장면을 묘사한 것이다.

티치아노(Tiziano Vecellio(1490~1576): 악타이온의 죽음(1559~1575). 런던 영국국립박물관.

엔디미온

아폴로도로스의 『원전으로 읽는 그리스 신화』(1권 7.5)에 따르면 엔디미온Endymion은 라트모스Latmus 산[23]에서 양을 치는 미남 청년이었다. 아르테미스는 엔디미온의 모습에 반해, 자고 있는 그에게 입을 맞춰주고는 그를 지켜 주었다고 한다. 그는 죽음도 나이도 잊은 채 영원히 잠들기를 택했다.

다른 설에 따르면 제우스가 엔디미온에게 영원한 젊음과 잠을 엮어 선물로 주었다고 한다. 신에게 이런 선물을 받은 사람이라는 이야기 이외에는 이렇다 할 모험담은 전해지지 않고 있다.

지로데 트리오종(Anne Louis Girodet De Roussy-Trioson, 1767-1824): 엔디미온의 잠(1791) 파리 루브르 박물관.

23 고대 그리스의 카리아(Caria) 지방이라 알려져 있다. 현재 터키의 남서부 지방에 해당된다.

몰라
(Pier Francesco Mola,
1612~1666):
다이아나와 엔디미온(1660)
로마 캄피톨리오 박물관.

아르테미스는 밤마다 엔디미온을 찾아가 50명의 딸을 낳았다고 한다. 또한 제우스가 그의 젊음을 유지하려는 그의 소원을 들어주어 30년 동안 잠을 자게 했다는 설도 있다.

프랑스의 화가 트리오종의 <엔디미온의 잠>에는 라트모스 산에서 잠을 자는 목동 엔디미온의 나신을, 달의 여신인 아르테미스가 달빛으로 비추고 있다. 에로스는 나뭇가지를 들어 달빛이 그를 비추게 하고 있고, 엔디미온의 발치에는 개가 잠들어 있다.

트리오종은 신고전주의를 대표하는 프랑스 궁정 화가로도 활동한 다비드Jacques Louis David (1748~1825)의 제자로, 로마의 프랑스 아카데미에서 수학했으며, 주로 신화에서 낭만적인 주제를 가져와 작품화하였다.

바로크 시대의 화가 몰라의 <다이아나와 엔디미온>에도 잠을 자는 엔디미온을, 달에서 내려다보고 있는 아르테미스가 표현되어 있다. 엔디미온의 발밑에는 개가 잠들어 있다.

니오베

오비디우스의 『변신 이야기』(6권 165~312행)에 테바이의 왕비인 니오베Niobe에 대한 이야기가 나온다. 그녀는 자신의 미모와 7남 7녀의 자식들이 큰 자랑거리였다.

테바이에서는 레토가 아르테미스와 아폴론을 숭배하는 의식이 거행되었는데, 니오베는 1남 1녀밖에 없는 레토를 조롱하며, 백성들에게 의식을 하지 말도록 하였다. 이를 알게 된 레토는 아르테미스와 아폴론을 불러 분통을 터뜨리고, 이에 아폴론과 아르테미스는 니오베의 자식들을 모두 죽인다.

아폴로도로스의 『원전으로 읽는 그리스 신화』(3권 5.6)에 따르면, 자식을 잃은 니오베는 시필로스Sipylus로 아버지를 찾아갔다. 그곳에서 그녀는 제우스에게 기도하여 돌로 변했으나, 돌이 된 뒤에도 밤낮없이 눈물을 흘리고 있다고 한다. 이에 낙담한 니오베의 남편 암피온도 자살하고 만다.

시필로스의 산에는 눈물 흘리는 여성의 모습을 한 바위가 있는데, 이것이 '니오베의 신화'라 여겨진다.

프랑스의 화가 다비드의 그림에서는 니오베가 자신의 옷자락 밑에 자식을 감추었으나, 아폴론과 아르테미스의 화살은 그녀를 향하고 있는 순간을 묘사하고 있다. 다른 자식들은 이미 상처를 입은 채 죽어 있다.

마니사의 시필로스 산에 있는 눈물을 흘리는 바위.

다비드(Jacques-Louis David, 1748~1825):
니오베의 아이들을 공격하는 아르테미스와 아폴론(1772). 미국 달라스 박물관.

헤르메스

헤시오도스의 『신들의 계보』(938-939행)에 헤르메스의 탄생에 대한 이야기가 나온다. 헤르메스는 제우스와 아틀라스의 딸 마이아Maia 사이에서 탄생하였다. 그는 상업의 신이며, 도둑질에 능하다고 한다. 그는 변신이 자유자재로 가능하며, 계략을 잘 짜며, 꿈을 주관하고, 밤을 살피는 신으로 알려져 있다. 그는 여행의 수호신이기도 하다.[24]

헤르메스.
그리스 원본을
로마식으로 카피한 것.
로마 바티칸 박물관.

그는 날개달린 모자와 신발을 착용했고, 손에는 두 마리의 뱀이 감겨있는 카두케우스(Caduceus, 성스러운 힘을 전하는 자가 가진 주력의 막대기)를 들고 다닌다. 헤르메스는 날개달린 신발을 신고 자유롭게 날아다닐 수 있기 때문에, 종종 제우스의 사자로 저승으로 내려가, 영혼을 저승으로 이끄는 역할도 담당했다.

바티칸 박물관에 있는 헤르메스상에는 그리스와 로마 시대의 사람들이 쓰는 챙이 넓은 모자 페타소스Petasos, 여행자의 망토, 지갑과 카두케우스를 볼 수 있다. 그는 수금(Lyres, 현악기의 일종)을 발명한 것으로도 유명하다. 그는 이 리라를 아폴론에게 주고, 그 대신 카두케이스를 받았다고 한다.

24 사에구사 가즈코(1995): 앞의 책. 132 쪽 이하 참조.

니콜라 샤프롱
(Nicolas Chaperon,
1612~1656):
헤르메스와 에로스.
파리 루브르 박물관.

헤르메스와 아폴론

아폴로도로스의 『원전으로 읽는 그리스 신화』(3권 10.2)에는 헤르메스의 도둑질과 리라에 대해 자세하게 묘사되어 있다. 그는 태어나자마자 포대기에 싸인 채 요람에 누워 있다가, 살그머니 빠져나와 아폴론이 먹이던 소떼를 훔쳤다. 그는 발자국을 지우려 소들의 발에 신발을 신기고 필로스Pilos로 소떼를 데리고 가, 두 마리는 제물로 바치고, 나머지는 동굴에 숨긴다. 동굴 앞에서 그는 거북이가 있는 것을 보고 등 껍데기를 떼어내고 나서, 소의 내장으로 만든 현들을 그 위에 걸쳤다. 이것이 리라(lyre, 수금)이다.

헤르메스는 자신의 도둑질을 숨기기 위하여 리라를 불기 시작했다. 아폴론이 이 소리에 반하여 소 대신에 리라를 양보할 것을 부탁하며, 리라대신 소를 키울 때 쓰는 황금지팡이를 주겠

로랭(Claude Lorrain, 1604/1605-1682): 아폴론과 헤르메스가 있는 풍경(1645). 도리아 팜필리 미술관.

다고 하였다. 헤르메스가 지팡이 외에 점치는 기술도 가르쳐달라고 하자, 아폴론은 헤르메스에게 작은 돌멩이로 점치는 방법을 가르쳐 주었다.

프랑스의 풍경화가 로랭의 작품은 아폴론이 아드메토스 왕의 소를 돌보고 있는데, 헤르메스가 소를 훔치는 장면을 그리고 있다.

헤르메스와 헤르세

오비디우스의 『변신 이야기』(2권 724-747행, 787-830행)에 헤르세Herse에 사랑에 빠진 헤르메스, 그리고 이들의 사랑을 방해하는 헤르

장 밥티스트 마리 피에르 (Jean-Baptiste-Marie Pierre, 1714~1789): 헤르메스, 헤르세와 아글라우로스(1763). 파리 루브르 박물관.

세의 언니인 아글라우로스Aglauros의 이야기가 나온다.

헤르세는 아테네의 왕 케크롭스Kekrops의 딸이다. 헤르메스는 헤르세에게 다가가려 했으나, 아글라우로스는 헤르메스에게 많은 황금을 요구하면서 헤르메스가 헤르세의 방에 들어가지 못하게 막았다. 아글라우로스의 행위에 화가 난 아테나는 질투의 여신에게 명령하여, 아글라우로스로 하여금 고통을 받게 하였다. 그럼에도 불구하고 그녀는 계속해서 헤르메스가 헤르세의 방에 들어가는 것을 막았다.

헤르메스는 하늘의 지팡이로 헤르세의 방문을 열었다. 그리고 아글라우로스는 불치의 병인 암에 걸려 돌이 되어 버리고 말았다. 헤르세는 헤르메스와 결혼하여 케팔로스Cephalus를 낳는다.

프랑스의 화가 피에르의 작품 <헤르메스, 헤르세와 아글라우로스>는 헤르메스가 헤르세에게 다가가려는 것을 막는 아글라우로스를 석상으로 만드는 것을 묘사하고 있다.

헤르마프로디토스와 살마키스

오비디우스의 『변신 이야기』(4권 315~388행)에 헤르메스와 아프로디테 사이에서 탄생한 헤르마프로디토스Hermaphroditus와 요정 살마키스Salmacis의 이야기가 나온다. 요정 살마키스는 소년 헤르마프로디토스를 보고 사랑에 빠졌다. 헤르마프로디토스가 물속에서 옷을 벗자, 살마키스는 그의 날씬한 몸에 더욱 욕정을 느끼고 그를 덮쳤다. 그가 거부하자 살마키스는 둘이 떨어질 수 없게 해달라고 신에게 빌었고, 결국 두 사람은 남녀 한 몸이 된다.

프랑수아 조셉 보시오(François Joseph Bosio, 1768~1845): 살마키스(1826). 파리 루브르 박물관.

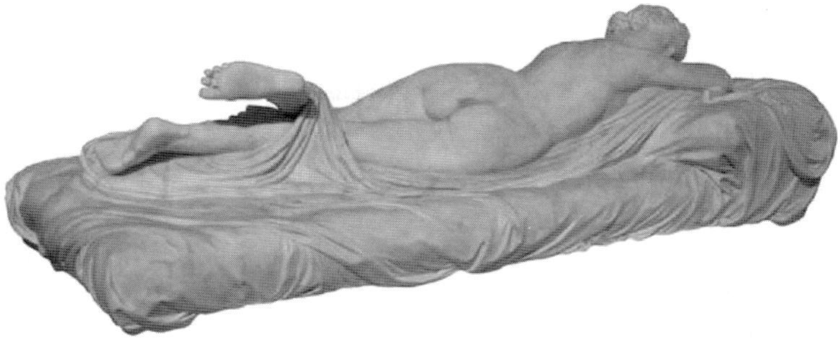

헤르마프로디토스: B.C. 155. 파리 루브르 박물관.

파리 루브르박물관에 있는 <잠자는 헤르마프로디토스>는 시피오네 보르게세Scipione Borghese Borghese 추기경이 소유권을 주장함에 따라, 루브르 박물관 내에서 보르게세 미술관으로 구분하여 전시되어 있다. <잠자는 헤르마프로디토스>를 받치고 있는 매트리스는 이탈리아 건축가이자, 조각가인 베르니니가 1620년 제작한 것이다.

판

판Pan(로마에서는 파우누스(Faunus))은 헤르메스(혹은 제우스)와 히브리스Hybris(드리옵스(Dryops)가 어머니라는 설도 있다)의 아들로 반인반수의 목신이다. 이마에는 뿔이 있고, 발에는 발굽이 있으며, 털이 북슬북슬한 굽은 다리는 염소나 양을 연상시킨다.[25]

---

25 사티로스 참조.

판과 시링크스

오비디우스의 『변신 이야기』(1권 659~712행)에 판과 시링크스Syrinx에 대한 이야기가 나온다. 시링크스는 나무의 요정이다. 너무도 아름다운 그녀는 판과 온갖 신들의 추적을 받는 일이 많았다.

어느 날 판이 자신을 쫓아오자, 그녀는 도망을 치다 라돈Ladon 강에까지 도달하였다. 시링크스는 강물 속의 언니들에게 도움을 요청하여, 갈대가 되었다. 판은 갈대를 밀랍으로 이어붙인 다음, 팬 플루트(목관 악기)로 만들어 버렸다. 오늘날 이를 '팬 플루트', 혹은 '시링크스'라 부른다.

미나르
(Pierre Mignard, 1612~1695):
판과 시링크스(1690).
파리 루브르 박물관

디오니소스

디오니소스Dionysos(로마에서는 바커스(Bacchus))의 탄생과 어린 시절에 대한 이야기는 오비디우스의 『변신 이야기』(3권 253~315행)에 나온다. 디오니소스는 제우스와 세멜레Semele 사이에서 태어난 아들이다. 세멜레를 질투한 헤라가 세멜레가 제우스의 벼락을 맞도록 흉계를 꾸며, 세멜레는 죽게 된다.

제우스는 세멜레의 시신에서 디오니소스를 꺼내, 자신의 허벅지에 넣고 꿰맨 후 길렀다가, 달이 차자 꺼내 세멜레의 자매

귀스타브 모로
(Gustave Moreau, 1826~1898):
제우스와 세멜레.
파리 귀스타브 모로 박물관.

인 이노Ino에게 양육을 맡겼다. 다른 설에 의하면, 제우스는 헤르메스에게 디오니소스를 맡기고, 헤르메스는 디오니소스를 니사Nysa 산에 있는 비의 요정에게 맡겼다고 한다.

프랑스의 화가 푸생의 작품 <어린 시절의 디오니소스>에서는 어린 디오니소스가 사티로스가 주는 음료를 먹고 있다. 뒤에는 이노Ino가 서 있고, 그 옆에는 이노의 남편이자, 오르코메누스Orchomenus(보애오티아(Boeotia))의 왕 아타마스Atamas가 있다.

고대 그리스의 조각가 프락시텔레스는 헤르메스가 어린 디오니소스를 데리고 있는 모습을 형상화하였다. 이 작품은 1877년 올림피아의 헤라 신전에서 발견되었다.

푸생(Nicolaus Poussin, 1594-1665): 디오니소스의 어린 시절. 파리 루브르 박물관.

프락시텔레스(Praxiteles):
헤르메스와 아기 디오니소스.
그리스 올림피아 고고학 미술관.

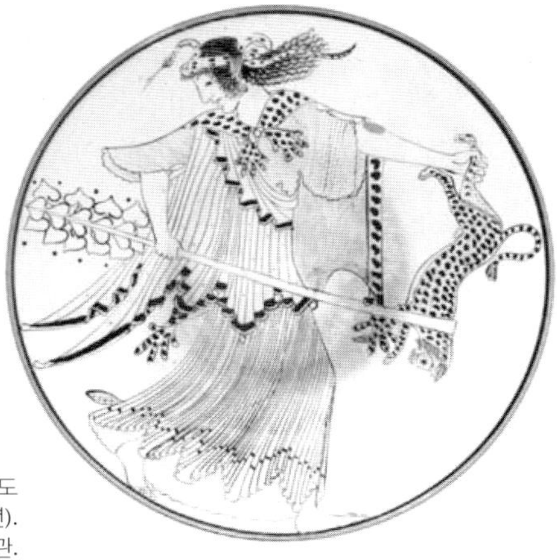

디오니소스의 여신도
(B.C. 490~480년).
뮌헨 국립 고미술품관.

렌즈(Andries Cornelis Lens, 1739~1822): 박카스 신도들의 춤(1765년 경). 빈 예술사박물관.

디오니소스는 술의 도취陶醉뿐만이 아니라, 술의 영향을 상징하여 문명을 일으킨 신으로 일컬어진다. 디오니소스의 여사제들은 춤을 추고 광란하는 모습으로 예술 작품 속에 등장한다.

뮌헨의 국립 고미술품관에 있는 고대 그리스의 원형 그림 <디오니소스 여신도>는 화가 난 디오니소스 여신도(마이나데스(Maenades), 로마에서는 바칸테스(Bachantes))가 오른손에는 디오니소스의 지팡이 티르소스를, 왼손에는 표범을 잡고 있는 모습이다. 머리에는 뱀이 휘감겨 있다. 이 작품은 이탈리아 불치Vulci[26]에서 출토된

26 이탈리아 중부의 피오라(Fiora) 강변에 있는 고대 에트루리아의 도시.

고대 그리스의 그릇 중 하나인 키릭스Kylix[27]에 그려져 있다.

네덜란드의 화가 렌즈는 춤추는 디오니소스의 신도를 그리고 있다. 고대 그리스의 비극작가 에우리피데스Euripides(B.C. 484년 추정~B.C. 406년 추정)의 『박카스의 신도들』에는 디오니소스와 펜테우스, 디오니소스를 숭배하는 신도의 이야기가 나온다.

디오니소스는 그의 탄생지인 테바이로 돌아간다. 테바이에서는 펜테우스Pentheus 왕이 지배를 하고 있었다. 펜테우스는 예언자 테이레시아스Teiresias의 경고에도 디오니소스가 제우스의 아들임을 믿지 않는다.

폼페이의 베티의 집: 펜테우스의 죽음.

27 두 개의 손잡이가 있는 그릇을 일컫는다.

펜테우스: 우리 여인들이
조작된 바커스제祭를 좇아 집을 나가서는
우거진 산속을 쏘다니며 디오니소스인가 뭔가 하는
신출내기 신을 춤으로 공경하고 있다더군.
(......)
저건 또 무슨 놀라운 일인가? 저기 예언자 테이레시아스와
내 외조부께서 얼룩덜룩한 새끼 사슴 가죽을 걸치고
정말 가소롭게도 황홀경에 빠져 지팡이를 흔들고
있는 것이 보이는구나! (217~251행)

펜테우스는 디오니소스의 숭배를 금지하고, 테바이 여성들을 광기에 휩싸이게 한 디오니소스를 구속하였다. 이에 디오니소스의 신도들과 광기에 사로잡힌 펜테우스의 어머니 아가베Agave는 펜테우스 왕을 살해한다.[28] 코러스는 펜테우스가 살해되는 과정을 다음과 같이 묘사하고 있다.

코러스: 박커스여, 누구든 그대의 비의悲意와
그대의 어머니의 비의에 대해
불의한 생각과 불법한 광기를 품고는
광기와 만용으로 나서서 제압될 수 없는 것을
힘으로 제압하려는 자에게는
죽음이 그 자의 의도를 교정해준다네. (996~1002행)

---

28 에우리피데스: 『박카스의 여신도들』 478~492쪽.
실린 곳: 에우리피데스 비극 전집 Ⅱ권. 천병희 옮김. 도서출판 숲.

카라바조
(Michelangelo da Caravaggio,
1573~1610):
디오니소스.
피렌체 우피치 미술관.

이노와 아타마스

오비디우스의 『변신 이야기』(4권 416~542행)에 광기에 사로잡힌 이노와 아타마스에 대한 이야기가 있다. 헤라는 본처가 있는 아타마스를 빼앗은 이노에게 복수를 하려고 하였다. 헤라는 복수의 여신 에리니에스 중 한 명인 티시포네의 머리털에서 뱀 두 마리를 뽑아 역병을 가져다주는 손으로 내던졌다. 그 뱀들은 이노와 아타마스에게 다가가 독한 입김을 불어 넣어, 그들을 정신 이상으로 만들었다.

광기를 일으킨 아타마스가 자신의 아들 레아르쿠스Learchus를 바위에 던져 죽이자, 이노는 다른 아들 멜리케르테스Melocertes를 데리고 바다에 몸을 던졌다. 후에 두 사람은 해양의 신이 되었다.

얀스존(Willem Janszoon, 1570~1630), 안토니오 템페스타(Antonio Tempesta, 1555~1630): 광기에 사로잡힌 아타마스가 자신의 아들을 바다로 던지다. 로스엔젤레스 카운티 미술관.

디오니소스의 승리

헤라는 디오니소스를 미치게 만들었다. 신적인 광기에서 영적인 힘을 얻은 디오니소스는 마이나데스와 사티로스들을 이끌고 이 나라 저 나라를 돌아다니며, 세상을 굴복시킨다. 이 원정의 상징이 포도덩굴과 잣송이로 장식한 지팡이였다. 디오니소스는 인도까지 진군하며, 가는 곳마다 포도 경작을 사람들에게 가르친다.

그는 그리스로 돌아가 레아에게서 광기를 치료받고, 광적인 상태에서 저지른 살인에 대해 속죄를 할 생각이었다.

인도에서 돌아오는 디오니소스(1800).

디오니소스는 고향으로 가는 도중, 트라키아의 왕 리쿠르고스 Lycurgus와 전쟁을 하였으나 패했다. 그러자 그는 철저한 복수를 위하여, 리쿠르고스를 미치게 하였다. 미쳐버린 리쿠르고스는 포도주를 저주하다 자신의 아들이 포도나무로 보이자, 아들을 칼로 베었다.[29] 호메로스의 『일리아스』(6권 130~142행)에도 리쿠르고스가 받은 형벌에 대해 다음과 같이 언급된다.

> 드뤼아스의 아들인 강력한 리쿠르고스조차도
> 하늘의 신들과 싸우고는 오래가지 못했으니까요.
> 그는 일찍이 신성한 뉘사 산에서 열광한 디오니소스의 유모들을
> 모두 내쫓았소. 남자를 죽이는 뤼쿠르고스가 소몰이 막대기로
> 그들을 치자, 그들은 모두 지팡이를 땅에 내던졌고
> 디오니소스도 겁에 질려 바다의 물결 속으로 뛰어들었소.
> 그래서 테티스가 겁에 질린 그를 품안에 받아주었지요.

29 게롤트 둠머무트 구드리히(2000): 앞의 책. 39쪽 이하 참조.

그가 적의 위협에 벌벌 떨고 있으니까요.
그런 일이 있은 뒤로 안락한 삶을 누리는 신들은 뤼쿠르고스에게
크게 노했고, 크로노스의 아드님께서는 그를 눈멀게 하셨소.

18~19세기경 인도에서 출판된 작품 <인도에서 돌아오는 디오니소스>에는 코끼리를 탄 디오니소스와 그의 추종자들이 승리의 행진을 하는 모습이 묘사되어 있다.

대영박물관에 있는 '리쿠르고스의 컵'은 포도 덩굴에 잡힌 리쿠르고스를 묘사한 것이다. 이 컵은 빛에 따라 다른 색으로 보이는 것이 특징이다. 빛이 뒤쪽에서 비추면 붉은 색으로, 앞에서 비추면 초록색이다. 이 컵은 빛의 상태에 따라 색이 변하면서, 두 가지 색을 내는 다이크로익 유리dichroic glass로 만들어진 것이다.

리쿠르고스의 컵.
4세기.
대영 박물관.

사투르날리아

사투르날리아는 크리스마스 무렵에 행해지던 크로노스(사투르누스)를 섬기는 고대 로마의 농신제이다.

프랑스의 신고전주의 화가 부그로의 그림은 포도주의 신 디오니소스와 청년, 그리고 여성이 나체로 노래 부르며 춤추는 모습을 보여준다. 이 그림은 고대 로마인들이 사투르날리아(농신제)[30]가 어떻게 진행되는지를 보여주고 있다.

사투르날리아는 서구에서는 주로 크리스마스와 연관된 기념행사로 나타나고 있다. 고대 로마에서는 사투르날리아 축제 기간 동안 노예들이 주인의 명령을 따르지 않아도 되었다고 한다. 그리고 주인의 옷을 입고, 음식과 술을 먹었다고 한다.

부그로(William-Adolphe Bouguereau, 1825~1905): 바커스의 젊음(1884). 스웨덴 국립미술관

30 토성(Saturn)은 로마인들이 파종하는 신이라서, 포로 로마노의 사투르누스의 신전에서 토성을 기리는 축제이다. 시기는 율리우스력에 따라 12월 17일 이후, 동계 파종이 끝난 후 7일 동안 지냈던 로마의 이교도 축제이다.

칼레 (Antoine-François Callet, 1741~1823): 사투르날리아.

아리아드네

오비디우스의 『변신 이야기』(8권 172~182행)에 테세우스, 아리아드네, 그리고 디오니소스의 이야기가 나온다. 크레타의 왕인 미노스의 딸 아리아드네Ariadne는 테세우스Theseus를 사랑하게 된다. 그녀는 그가 미궁을 빠져나오도록 실타래를 주었다. 섬을 탈출한 그는 아리아드네가 잠이 든 틈을 타 그녀를 두고 떠났다.[31]

아리아드네가 있던 섬은 낙소스Naxos 섬으로 디오니소스가 좋아하던 섬이었다. 디오니소스는 이 섬에서 슬퍼하는 아리아드네를 보고 사랑하게 되어 그녀를 아내로 삼았다. 결혼 선물로

---

31 테세우스 참조.

티치아노
(Vecellio Tiziano,
1488~1576):
바커스와 아리아드네
(1522~1523).
런던 내셔널갤러리.

그는 보석이 달린 황금관을 그녀에게 주었는데, 후에 그녀가 죽자 이 관을 하늘로 던졌는데, 아리아드네의 관은 별이 되었다.

티치아노는 디오니소스와 아리아드네 신화를 그림으로 표현하고 있다. 낙소스 섬을 떠나는 테세우스의 배를 쳐다보고 있는 아리아드네를 디오니소스가 보살펴준다. 그는 아리아드네의 관을 하늘로 보내 별자리를 만든다. 그림의 왼쪽 위에는 아리아드네의 머리 위에 별이 빛나고 있다.

오비디우스의 『변신 이야기』(4권 24~25행)에 따르면 디오니소스는 자신의 마차를 표범에게 끌게 했다고 나온다. 티치아노의 그림에서도 디오니소스의 마차를 끄는 두 마리의 표범이 나온다. 표범을 두려워하는 아리아드네를 보고 마치 공중 부양하듯,

마차에서 뛰어내려오는 디오니소스의 모습이 보인다. 오른쪽에는 디오니소스의 추종자들이 등장한다. 추종자 중에는 뱀과 사투를 벌이는 라오콘의 모습이 보인다.

사티로스(실레노스)

사티로스의 출생에는 여러 가지 설이 있다. 토속신 헤카테로스 Hecaterus가 포로네우스Phoroneus[32]의 딸과 결혼하여 얻은 다섯 명의 딸들이 낳은 자식들이 목축의 신 사티로스라고 한다. 그는 상반신은 인간이고 하반신은 동물이며, 이마의 양편에는 양의 뿔이 달려있다.

사티로스는 판과 비슷하지만, 술에 취해 있기 때문에 얼굴이 불그스레하고 항상 음경이 발기해 있는 것이 특징이다. 늙은 사티로스인 실레노스(세일레노스)는 디오니소스의 양육자이자, 스승이다.

대리석으로 만들어진 작품 <어린 디오니소스를 안고 있는 실레노스>는 B.C. 300년경에 만들어진 원본을 카피한 것으로, 실레노스가 어린 디오니소스를 안고 있는 장면이다.

부그로 작품 <님프와 사티로스>는 외딴 연못에서 목욕을 하고 있는 님프들에게 음탕한 사티로스가 다가가는 모습이 묘사된 것이다.

---

32 최초의 인간이라는 설이 있다.

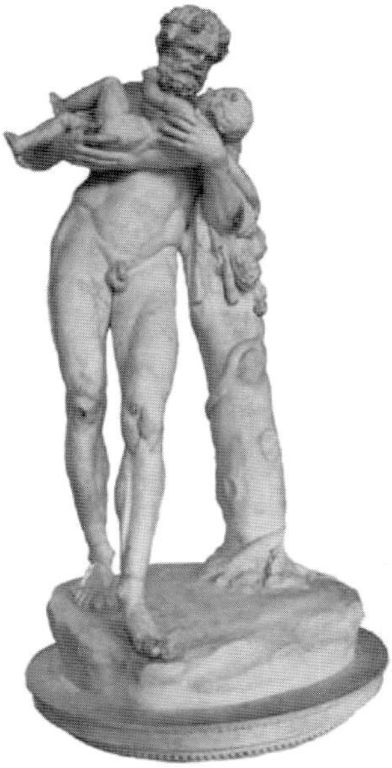

어린 디오니소스를 안고 있는 실레노스:
B.C. 300년의 그리스 원본의 카피.
파리 루브르 박물관.

부그로(William-Adolphe Bouguereau, 1825~1905):
님프와 사티로스(1873).
미국 메사추세츠 주의 윌리암스 타운의 클락 미술관.

오른 편에 보이는 몇몇 님프들은 뒤로 물러나고, 용감한 님프들은 사티로스를 물로 끌고 간다. 사티로스의 발굽 하나는 이미 물속에 잠겨 있고, 그는 꼼짝도 못한다.

미다스

오비디우스의 『변신 이야기』(11권 468~145)에 디오니소스와 미다스에 대한 이야기가 나온다. 프리기아의 농부들은 실레누스를 사로잡아 미다스 왕에게 데려갔다. 미다스는 실레누스가 디오니소스의 일행이자, 디오니소스의 비의에 참가한 것을 알고 열흘 밤낮으로 잔치를 벌였다. 그리고 실레누스를 디오니소스에게 데려다 준다.

디오니소스는 미다스 왕에게 선물을 고르게 했는데, 미다스는 자신의 몸에 닿는 것은 무엇이든 황금이 되도록 해달라고 하였다. 실로 그의 몸에 닿은 것은 모두 금이 되었다.

그 후 그가 먹으려고 하는 음식과 포도주도 모두 황금이 되자, 그는 깜짝 놀라 이것이 재앙이 되었음을 느끼고, 디오니소스(포도를 압착한다는 뜻의 '레나이우스(Lenaeus)'라고 하기도 함)에게 다시 애원한다.

호손(Nathaniel Hawthorne, 1804~1864): 미다스의 손이 닿자 딸이 황금으로 변하다. 1893년 판을 위한 월터 크레인의 삽화.

푸생
(Nicolas Poussin, 1594~1665):
파크톨루스 강의 미다스(1627).
뉴욕 메트로폴리탄 미술관.

푸생
(Nicolas Poussin, 1594~1665):
파크톨루스 강의 미다스
(1626~1628).
프랑스 페슈 미술관.

디오니소스 신도 그를 용서하고, 사르데스Sardes (혹은 사르디스(Sardis))[33]에 인접에 있는 팍톨루스Pactolus 강으로 가라고 지시한다. 그가 강으로 가서 물속에 몸을 담그자, 사물을 황금으로 변하게 하는 힘이 강물로 옮겨갔다.

『주홍글씨』의 작가로 잘 알려진 미국의 작가 호손은 그리스 신화를 어린이들이 쉽게 읽을 수 있도록 『소년 소녀를 위한 원더북*A Wonder-Book for Girls and Boys*』(1851)이란 제목으로 출간하였다. 이 속에 「황금 손*The Golden Touch*」이란 제목으로 미다스 왕이 자신의 딸을 만지자 황금이 되는 이야기가 있다.[34]

프랑스 페슈 미술관에 전시된 푸생의 작품에는 미다스가 손에 물을 적시고 있고, 파트로클로스 강은 의인화되어 표현되었다.

아레스

헤시오도스의 『신들의 계보』(921-923행)에 아레스의 탄생에 대한 이야기가 나온다. 제우스와 헤라 사이에서 태어난 아레스는 군신이지만, 지혜로운 장수는 아니었다.

아테나는 전쟁의 수호신이자, 전쟁의 신이다. 아레스는 전투의 지적인 면을 지닌 아테나에 비해 포악하고 무계획적이다.

---

33 현재 터키 이즈미르 근처에 있는 도시로 고대 리디아의 수도.

34 https://en.wikipedia.org/wiki/A_Wonder-Book_for_Girls_and_Boys 참조.

안드레아 만테냐(Andrea Mantegna, 1431(추정)~1506): 파르나소스산의 아프로디테와 아레스(1497). 파리 루브르 박물관.

볼프(Albert Wolff, 1814~1892): 베를린 궁전의 다리에 있는 아테나와 디오메데스.

아레스는 애인 아프로디테 때문에 트로이 전쟁에서 트로이 편을 들었다. 호메로스의 『일리아스』(5권 844~859행. 891행)에 디오메데스와 아레스의 싸움이 묘사되어 있다.

그리스의 영웅 디오메데스Diomedes는 하데스의 보이지 않은 투구를 쓴 아테나의 도움을 받아 아레스의 아랫배를 찔렀다. 아레스는 디오메데스에 의해 큰 상처를 입고, 제우스에게 가서 아테나에 대해 불평을 하였다. 이에 제우스는 "밤낮 말다툼과 전쟁과 싸움질만 좋아한다고" 오히려 아레스를 꾸짖는다.

이탈리아의 화가 만테냐의 작품 <파르나소스산의 아프로디테와 아레스>의 그림에는 가운데 아치 위에 아프로디테와 아레스가 서 있다. 아프로디테와 아레스 뒤편에는 나무가 있는데, 왼편에는 열매가 없고, 오른 편에는 수태를 상징하는 열매가 매달려 있다. 아치 위에는 침대가 보인다. 왼쪽의 동굴에는 헤파이스토스가 손을 흔들고 있는데, 동굴 앞에는 포도가 달려 있다. 아프로디테의 남편인 헤파이스토스는 술 취한 이의 방탕함을 의미한다.

그 밑에는 아폴론이 리라를 켜고 있고, 옆에는 뮤즈들이 춤을 추고 있다. 오른쪽에는 날개달린 페가수스Pegasus (혹은 페가소스(Pegasos))가 그려져 있고, 옆에는 날개달린 모자를 쓴 헤르메스가 성스러운 힘을 가진 막대기인 카두케우스를 들고 있다.

만테냐는 1459년부터 만토바 궁전에서 일을 했는데, 그는 자신의 그림에서 만토바의 후작 곤차가Francesco Ⅱ Gonzaga(1466~1519)를 아레스로, 그의 아내 이자벨라Isabella d'Este (1474~1539)를 아프로디테로 묘사하고 있다.

베를린의 한가운데 위치한 궁전의 다리에는 전쟁에 시작되기 전에 디오메데스에게 충고하는 아테나가 있다.

아레스와 아프로디테, 헤파이스토스

호메로스의 『오디세이아』(8권 292~359행)에는 아레스와 아프로디테, 그리고 헤파이스토스와의 관계와 그것을 지켜보는 신들에 대해 나온다. 아프로디테와 아레스의 불륜 현장을 헤파이스토스가 발견하고, 그물로 두 사람을 묶는다.

기예모 (Alexandre Charles Guillemot, 1786~1831): 아프로디테와 아레스의 불륜을 지켜보는 헤파이스토스 (1827). 인디아나폴리스 미술관.

제우스, 헤르메스, 아폴론, 그리고 포세이돈 등의 신들이 그 광경을 지켜보고, 절름발이 헤파이스토스가 재빨리 가장 빠른 아레스를 잡았다고 재미있어 했다. 포세이돈은 헤파이스토스에게 아레스를 풀어주라고 요청하였다. 그러자 헤파이스토스는 그 둘을 풀어준다.

프랑스의 화가 기예모의 그림은 쇠로 된 그물로 아프로디테와 아레스를 잡으려 하는 헤파이스토스와 이것을 지켜보는 신들을 묘사하였다.

헤파이스토스

호메로스의 『일리아스』(1권 590-593행)에 제우스가 헤파이스토스에게 내린 벌에 대한 이야기가 나온다. 제우스가 헤라에게 벌을 내릴 때, 헤파이스토스가 그녀를 도왔다는 이유로 제우스는 헤파이스토스를 하늘에서 내던졌다. 그는 렘노스Lemnos 섬에 떨어져 다리병신이 되었으나, 그곳의 주민들이 그를 구해주었다.

『일리아스』(18권 400행)에 따르면 헤파이스토스를 구해준 이는 테티스와 에우리노메라고 한다. 그는 남신 가운데서 가장 못생긴 대장장이로, 주로 무기와 기계류를 제작한다. 헤시오도스의 『신들의 계보』(945-946행)에 따르면, 헤파이스토스의 아내는 우아함의 여신 중 막내인 아글라이아Aglaea이다.

루벤스(Peter Pail Rubens, 1577~1640):
번개를 만드는 헤파이스토스(1638).
영국왕실 컬렉션

슈프랑거(Bartholomäus Spranger, 1546~1611):
불카누스와 마이아(1585).
빈 미술사 박물관.

루벤스의 <번개를 만드는 헤파이스토스>는 제우스를 위해 대장간에서 번개를 만드는 헤파이스토스를 묘사했으며, 벨기에 출신 슈프랑거도 <불카누스와 마이아>를 그렸다.

고대의 기도문에는 불카누스와 마이아의 연관성이 되풀이되었는데, 불카누스의 속성을 지닌 마이아는 대지와 동일시되기도 한다. 5월May (라틴어 'Maius')이 마이아를 의미하는 것으로도 간주되며, 5월 1일에는 헤파이스토스의 사제가 임신한 암퇘지를 숲의 요정 마이아에게 바친다.

슈프랑거의 작품은 헤파이스토스와 대지의 여신 마이아와의 연관성을 나타낸 것이다.

판도라

헤시오도스의 『신들의 계보』 중 「일과 날」(60~105행)에는 헤파이스토스에 의해 창조된 판도라에 대한 이야기가 나온다. 제우스는 프로메테우스가 신의 불을 훔쳐 인간에게 준 것에 대해 화를 내며, 그것이 인간에게 재앙이 될 것이라 말한다. 그리고 제우스는 헤파이스토스에게 여성을 창조하게 했는데, 이로 인해 판도라가 탄생되었다.

아테나는 판도라에게 베를 짜는 방법을 가르쳐 주었고, 허리띠를 두르게 하고 치장해 주었다. 아프로디테는 이 여성에게 매력을 선사했고, 헤르메스는 개의 마음과 교활한 기질을 선사했다.

장 쿠쟁(Jean Cousin, 1490~1560): 에바 프리마 판도라(1550년 경). 파리 루브르 박물관.

카리스 여신들과 설득의 여신 페이토Peitho는 판도라의 온몸을 황금 장신구로 꾸며 주었다. 호라이 여신들은 판도라에게 봄꽃의 화환을 둘러주었고, 제우스는 항아리[35] 속에 인간들의 모든 근심과 희망을 넣어 주었다.

프로메테우스는 메테우스의 동생인 에피메테우스에게 제우스가 주는 선물을 받지 말라고 당부한다. 그러나 판도라의 아름다움에 반한 에피메테우스는 판도라와 결혼을 한다.

제우스는 헤르메스를 시켜 판도라에게 상자를 전달하였다. 헤르메스는 상자를 건네주며, 판도라의 호기심을 부추겨 상자를 열도록 하였다. 판도라는 호기심을 못 이겨 상자의 뚜껑을

---

35 판도라의 항아리: 보통 상자로 알려져 있는데, 헤시오도스에는 항아리라 표기되어 있다.

열었다. 판도라가 상자를 여는 순간, 제우스가 인간 세상에 내려 보내려고 한 질병과 가난, 불행 등의 재앙이 빠져나오기 시작했다. 판도라는 놀라 뚜껑을 닫았다. 상자에 남은 것은 희망뿐이었다.

프랑스의 화가 장 쿠쟁의 그림 속 여인은 인류 최초의 여성인 '이브'이자 '판도라'이다. 판도라는 해골을 오른팔에 괴고 있고, 왼손에는 항아리 위에 손을 올려놓고 있다.

헤라클레스

헤라클레스의 탄생

제우스는 티린스Tyrins의 왕 암피트리온Amphitryon의 모습을 하고 그의 아내 알크메네Alcmene와 동침을 하였다. 그 후 알크메네는 두 아들을 낳았는데, 한 명은 제우스의 아들 헤라클레스이고, 다른 한 명은 암피트리온의 아들 이피클레스Iphicles이다.

틴토레토의 <은하수의 기원>은 제우스가 헤라클레스에게 영생을 얻게 하기 위해 헤라의 젖을 빨게 하는 모습이다. 놀라 깬 헤라가 뿌리쳐, 여신의 가슴에서 나온 젖이 일부는 하늘로 올라가 은하수가 되고, 일부는 땅에 떨어져 백합이 되었다.

틴토레토
(Jacopo Tintoretto,
1519~1594):
은하수의 기원.
런던 내셔널 갤러리.

헤라클레스와 헤베

헤라클레스와 결혼한 헤베는 헤라의 딸이자 청춘의 여신으로, 원래는 신들에게 신주를 바치는 여신이었다. 그녀는 헤라클레스 사이에 알렉시아레스Alexiares와 안티체투스Anicetus를 낳았다.

에우리피데스의 『헤라클레스의 자녀들*Herakleidai*』(790~860행)에 헤라클레스의 조카이자, 종복인 이올라오스Iolaus와 헤베에 대한 이야기가 묘사된다. 이올라오스는 에우리스테우스Eurysteus 왕과 싸우기 위해 하루만 젊어져, 적에게 복수할 수 있게 해달라는 요청을 헤베와 제우스에게 하였다.[36]

---

36 에우리피데스(2009): 『헤라클레스의 자녀들』.
실린 곳: 『에우리피데스 비극 전집 I 』. 천병희 옮김. 도서출판 숲. 355쪽 이하 참조.

파르네세 헤라클레스
(그리스 조각가 리시포스(Lysippos)
작품을 카피한 것. 216 CE):
나폴리 국립고고학 박물관.

루이 자크 뒤보아(Louis-Jacques Dubois, 1768~1843): 헤베.

헤라클레스와 옴팔레

아폴로도로스의 『원전으로 읽는 그리스 신화』(2권 6.1~3)에 헤라클레스와 옴팔레에 대한 이야기가 나온다. 이피토스Iphtus는 오이칼리아Oechalia의 왕 에우리토스Eurytus의 큰 아들로 헤라클레스를 많이 따랐다. 그러나 광기에 빠진 헤라클레스는 이피토스를 티린스Tīryns의 성벽에 내던져 살해한다.

이피토스를 살해한 죄로 헤라클레스는 병에 걸렸다. 이때 신탁은 그가 노예로 팔려가 3년 동안 봉사를 하면 병이 나을 것이라고 한다. 헤르메스는 신탁에 따라 헤라클레스를 리디아Lydia의 여왕 옴팔레Omphale에게 팔았다. 후에 헤라클레스와 옴팔레는 결혼하여 자식을 낳았다.

프랑수아 르무안
(François Lemoyne, 1688~1737):
헤라클레스와 옴팔레(1724).
파리 루브르 박물관.

프랑스의 화가 프랑수아 르무아느의 <헤라클레스와 옴팔레>에서 헤라클레스는 옴팔레 궁전에서 옴팔레의 겉옷을 걸치고 있고, 옴팔레는 헤라클레스의 사자 가죽을 걸치고 있다.

여장을 한 헤라클레스를 신화에서는 '아내에게 잡혀 사는 남편을 조롱'하는 것으로 해석한다. 옴팔레는 왼발에 체중을 지탱한 전형적인 콘트라포스토Contraposto의 자세를 취한다.[37]

헤라클레스의 12가지 과업

헤라클레스는 헤라의 질투로 갖은 고초를 당했다. 헤라는 여덟 달이 된 젖먹이인 헤라클레스의 요람에 뱀 두 마리를 집어넣었으나, 어린 헤라클레스는 한 손으로 뱀을 잡아 죽였다.

뱀을 죽이는 헤라클레스.
2세기 작품.
카피톨리니 박물관.

37 이현진(2007): 여신을 모티브로 한 헤어아트 연구. 서경대학교 석사학위논문. 52쪽.

헤라클레스의 선택

헤라클레스는 음악 교수 리누스Linus에게 음악을 배우지만, 잘하지 못하자 리누스가 그를 때렸다. 화가 난 헤라클레스는 리누스를 살해한다. 재판정에 선 헤라클레스는 자신을 해친 사람에게 해를 입혀도 된다는 라만투스Rhamanthus[38]의 말을 인용하여 벌을 면했다. 암피트리온은 그를 산으로 보내 가축을 돌보라고 한다.

소피스트 프로디커스Prodicus는 미덕과 악덕 사이의 선택이라는 의미의 '헤라클레스의 선택'이라는 우화를 만들어 냈다.[39]

카라치(Annibale Carracci, 1560~1609): 헤라클레스의 선택(1596). 나폴리 카폰디몬테 국립박물관.

---

38 라만투스: 죽어서 지하 세계에서 재판관이 된 인물.

39 https://en.wikipedia.org/wiki/Prodicus 참조. 플라톤도 프로디커스를 다른 소피스트보다 더 존경하여, 플라톤의 『프로타고라스』(316d)에 소크라테스와 프로디커스를 친구로 표현했다.

카라치의 작품은 오도아도르 파르네세 추기경Cardinal Odoardo Farnese(1573~1626)이 주문한 것으로, 헤라클레스의 선택을 묘사하고 있다. 헤라클레스 옆에는 두 여인이 있는데, 왼쪽 미덕의 여신은 고난을 통해 영광으로 인도하는 어려운 길을 제시하고 있고, 오른쪽 쾌락의 여신은 그를 쉬운 길로 유혹하고 있다. 그 정상에는 보상인 페가수스가 보이고, 헤라클레스의 뒤에는 종려나무가 있다. 종려나무의 잎과 가지는 군대의 승리와 명성을 상징한다. 이 작품은 헤라클레스의 미래의 영웅적인 삶을 암시한다.

헤라클레스의 광기

헤라클레스는 헤라에 의해 광기에 사로잡혀 자신의 자식을 모조리 죽이게 된다. 이에 델피의 신탁은 헤라클레스로 하여금 미케네Mykene[40]의 에우리스테우스 왕의 부하가 되어, 12년 동안 그의 명령에 따르라고 했다. 델포이(델피)의 피티아[41]는 그 고역을 마치면 헤라클레스는 불멸의 존재가 될 것이라고 예언한다.

영국의 작가이자, 화가인 콜리어는 피어오르는 증기 속, 삼각대 위에 앉아 예언하고 있는 피티아를 그리고 있다.

---

40 그리스 펠로폰네소스 반도에 있는 아르골리스(Argolis) 주의 고대 그리스 도시의 이름.

41 시빌레 참조.

콜리어(John Collier, 1850~1934):
델피의 여사제(1891).
사우스 오스트레일리아 미술관.

첫 번째 과업: 네메아의 사자Nemean Lion

아폴로도로스의 『원전으로 읽는 그리스 신화』(2권 5.1)에 헤라클레스의 첫 번째 과업에 대해 나온다. 네메아Nemea[42] 골짜기에 무서운 사자가 출몰했는데, 에우리스테우스는 헤라클레스에게 부상당하지 않는 이 괴물의 모피를 가져오라고 명령했다.

42 그리스의 펠로폰네소스 반도 북동부에 있는 유적지.

수르바란(Francisco de Zurbaran, 1598~1664): 네메아의 사자. 마드리드 프라도 미술관.

헤라클레스는 처음에는 화살을 쏘았으나, 부상당하지 않는 짐승임을 알고 몽둥이를 집어 들고 추격하여, 팔로 괴물의 목을 졸라 질식시켜 죽인다.

스페인의 화가 수르바란의 작품에는 네메아의 사자를 질식시켜 죽이는 헤라클레스가 묘사되어 있다.

두 번째 과업: 레르나의 히드라

아폴로도로스의 『원전으로 읽는 그리스 신화』(2권 2.2)에 헤라클레스의 두 번째 과업에 대해 나온다. 에우리스테우스가 헤라클

귀도 레니(Guido Reni, 1575~1642): 히드라를 죽이는 헤라클레스 (1617~1621). 파리 루브르 박물관.

레스에게 내린 과업은 아미모네Amymone 샘 가까이에 있는 레르나Lerna 습지에 살면서, 아르고스 사람들을 못살게 하는 머리가 일곱(아홉, 혹은 백 개라고도 함) 개나 되는 물뱀 히드라Hydra를 퇴치하는 것이었다. 히드라의 가운데 머리는 죽지 않게 되어 있었다.

헤라클레스가 몽둥이로 히드라의 머리를 쳐서 떨어뜨렸지만, 머리 하나가 떨어져 나가면 그 자리에서 두 개의 머리가 자라났다. 헤라클레스는 이올라오스의 손을 빌었다.

그는 숲 자락에 불을 놓아 불타는 장작으로 히드라의 머리들의 뿌리들을 태워 다시 자라지 못하게 하였다. 헤라클레스는 다시 자라는 머리를 제압한 후, 머리를 베어 엘라이우스Elaious로 가는 길에 묻고, 그 위에 무거운 돌을 올려놓았다. 그러나 에우리스테우스는 헤라클레스가 이올라오스의 도움으로 히드라를 퇴치했기 때문에, 이 고역을 헤라클레스의 열 가지 고역에 포함시킬 수 없다고 한다.

이탈리아의 화가 레니의 <히드라를 죽이는 헤라클레스>는 헤라클레스가 레르나 습지에 있는 머리가 백 개인 뱀 히드라를 죽이는 장면을 묘사하고 있다.

이탈리아의 화가 폴라이우올로의 작품에는 헤라클레스가 첫 번째 과업에서 얻은 네메아의 사자 가죽을 몸에 걸치고 커다란 곤봉을 손에 들고, 히드라를 처형하는 모습이 묘사되었다.

안토니오 델 폴라이우올로 (Antonio del Pollaiuollo, 1429-1498): 헤라클레스와 히드라. 피렌체 우피치 미술관.

세 번째 과업: 아르테미스의 황금 암사슴

아폴로도로스의 『원전으로 읽는 그리스 신화』(2권 2.3)에 헤라클레스의 세 번째 과업에 대해 나온다. 헤라클레스의 세 번째 과업은 케리네이아Keryneia의 황금 뿔이 달린 암사슴을 생포해, 뮈케나이Mycénæ(영어로 미케네(Mycenae))로 끌고 오는 것이었다.

그 암사슴은 아르테미스에게 바쳐진 것이었다. 헤라클레스는 그것을 죽이거나 다치게 하지 않으려고 만 1년 동안 추격을 했다. 추격에 지친 암사슴이 아르테미시온Artemisium[43]산으로 피했다가 라돈강을 건널 때, 헤라클레스는 활로 쏘아 잡고는 어깨에 메고 아르카디아를 지나갔다.

아르테미스의 암사슴을 잡는 헤라클레스. (B.C. 540~530). 암포라의 그림. 파리 루브르 박물관.

43 아르테미시온(Artemisium): 그리스 에비아 북부에 있는 지명 중 하나.

아폴론과 아르테미스가 서로 암사슴을 빼앗으려 하며, 자신에게 바쳐진 짐승을 죽이려 했다고 나무랐으나, 헤라클레스는 어쩔 수 없었다고 에우리스테우스의 탓을 하며, 여신의 노여움을 달래고 짐승을 뮈케나이로 가지고 갔다.

루브르 박물관의 항아리(암포라(Amphora))[44] 가운데는 헤라클레스가 암사슴을 잡고 있고, 왼쪽에는 아테나, 오른쪽에는 아르테미스가 이 모습을 바라보고 있다. 헤라클레스는 이 암사슴을 생포하기 위해 1년 동안이나 추적하였다.

네 번째 과업: 에리만토스의 멧돼지

아폴로도로스의 『원전으로 읽는 그리스 신화』(2권 2.4)에 헤라클레스의 네 번째 과업에 대해 나온다. 헤라클레스의 네 번째 과업은 아르카디아 지방의 도시인 프소피스Psophis에 피해를 주는 에리만토스Erymanthos의 멧돼지를 생포하는 것이었다. 헤라클레스는 고함을 질러 덤불에서 멧돼지를 몰아내어 깊은 눈 속으로 몰아넣은 다음, 지친 멧돼지를 덫으로 잡아 뮈케나이로 가져간다.

루브르 박물관에 전시된 항아리에 헤라클레스가 에리만토스의 멧돼지를 잡는 모습이 묘사되어 있다.

---

44 암포라(Amphora): 고대 그리스의 몸통이 불룩 나온 긴 항아리를 일컬음.

항아리에 그려진
헤라클레스와
에리만토스의 멧돼지.
파리 루브르 박물관.

다섯 번째 과업: 아우게이아스왕의 외양간을 청소하는 일

아폴로도로스의 『원전으로 읽는 그리스 신화』(2권 2.5)에 헤라클레스의 다섯 번째 과업에 대해 나온다. 다섯 번째 과업은 엘리스Elis의 왕 아우게이아스Augeas가 기르는 황소 3천 마리의 외양간을 치우는 일이었다. 이 외양간은 30년 동안 한 번도 청소가 되지 않았다.

헤라클레스는 알페이오스Alfeios 강과 페네이오스Peneus 강을 끌어 들여, 하루 만에 외양간을 청소했다. 일이 끝나자, 아우게이아스는 이 일이 에우리스테우스의 명령에 의한 것이니, 보수를 줄 수 없다고 한다.

헤라클레스가 이의를 제기하자, 아우게이아스는 보수를 약속한 적이 없으니, 중재 판정에 맡기겠다고 한다. 재판을 하자, 필레우스Phyleus가 아버지 아우게이아스에게 불리한 증언을 하

헤라클레스가 알페이오스와 페네이오스 강을 끌어들여 아우게이아스 외양간을 청소하다(A.D. 201~250). 고대 로마의 모자이크. 스페인 국립고고학 박물관.

였다. 화가 난 아우게이아스는 필레우스와 헤라클레스에게 엘리스를 떠나라고 명령한다. 에우리스테우스는 헤라클레스가 보수를 받고 수행한 것이라고 주장하며, 열 가지 과업에 포함시켜 주지 않았다.

여섯 번째 과업: 스팀팔로스의 새 떼를 몰아내는 일

아폴로도로스의 『원전으로 읽는 그리스 신화』(2권 2.6)에 헤라클레스의 여섯 번째 과업에 대해 나온다. 여섯 번째 과업은 수많은 새들이 늑대를 피해 숨어 있었던 스팀팔로스Stymphalos에서 새 떼를 몰아내는 것이었다. 아테나는 헤파이스토스에게 받은 청동 캐스터네츠를 주었다. 헤라클레스는 호수 옆 산에서 캐스터네츠를 흔들어 새떼를 놀라게 하였다. 새떼들은 놀라 날아올랐고, 헤라클레스는 새떼들에게 화살을 쏘아 없앨 수 있었다.

뒤러
(Albrecht Dürer,
1471~1528):
스팀팔로스의
새를 잡는 헤라클레스.
뉘른베르크 게르마니아
국립박물관.

일곱 번째 과업: 크레타의 황소

아폴로도로스의 『원전으로 읽는 그리스 신화』(2권 2.7)에 헤라클레스의 일곱 번째 과업에 대해 나온다. 일곱 번째 과업은 포이세이돈의 도움을 받아 왕위에 오른 크레타 왕인 미노스의 황소를 끌고 오는 것이었다.

미노스는 바다에서 나는 것이면 무엇이든 제물로 바치겠다고 포세이돈에게 약속한다. 그러자 포세이돈은 바다에서 황소를 올려 보냈다. 그런데 미노스는 그 황소의 아름다움을 보고는, 그 소를 자신의 가축우리로 보내고, 대신 포세이돈에게 다른 황소를 보냈다.

화가 난 포세이돈은 그 황소를 난폭하게 만들었다. 미노스는 헤라클레스에게 도움을 청하였고, 헤라클레스는 황소와 싸우려고 크레타로 갔다. 헤라클레스는 황소를 잡아 에우리스테우스

피카르(Bernard Picart, 673~1733): 크레타의 황소를 잡는 헤라클레스. 스테이플턴 컬렉션.

에게 끌고 가 보여준 뒤, 황소를 풀어주었다. 그 황소는 아티케Attike (현대에는 아티키(Attiki))의 마라톤Marathon으로 가서 그곳 주민을 괴롭힌다.

여덟 번째 과업: 디오메데스의 암말

아폴로도로스의 『원전으로 읽는 그리스 신화』(2권 2.8)에 헤라클레스의 여덟 번째 과업에 대해 나온다. 여덟 번째 과업은 비스토네스Bistones 족의 왕 디오메데스Diomedes의 4마리의 암말들을 뮈케나이로 몰고 오는 것이었다. 디오메데스의 암말들은 성질이 사납고 인육을 먹었다고 한다.

디오메데스의 암말.
스페인 발렌시아주의
이리아에 있는
고대 로마의 모자이크.

헤라클레스는 암말들을 바닷가로 몰고 갔다. 비스토네스 족이 완전 무장한 채 암말들을 구조하려고 하자, 헤라클레스는 그 말들을 헤르메스의 아들인 압데로스Abderos에게 지키라고 맡긴다. 그러나 그는 말들에게 잡혀 먹히고 말았다.

화가 난 헤라클레스는 디오메데스를 죽이고, 그 인육을 말들에게 준다. 그리고 압데로스를 기리며, 압데라Abdera라는 도시와 경기대회를 창설하고, 암말들을 에우리스테우스에게 넘겨주었다.

아홉 번째 과업: 히폴리테의 허리띠

아폴로도로스의 『원전으로 읽는 그리스 신화』(2권 2.9)에 헤라클레스의 아홉 번째 과업에 대해 나온다. 아홉 번째 과업은 아마존의 여왕 히폴리테Hippolyte의 허리띠를 가져오는 것이었다. 그녀는 아버지 아레스에게서 허리띠를 받았는데, 이것은 아마조네스를 다스릴 권한을 상징하는 마법의 허리띠이다.

에우리스테우스 왕의 딸인 아드메테Admete는 아마존의 여왕의 허리띠를 갖고 싶어 했다. 이에 에우리스테우스 왕은 헤라클레스에게 그 허리띠를 가지고 오라고 한다.

크뉘퍼(Nikolaus Knüpfer, 1609~1655): 히폴리테의 허리띠를 얻는 헤라클레스. 에르미타주 미술관.

아마존의 나라에 도착한 헤라클레스는 자신에게 반한 히폴리테의 환대를 받고, 그녀로부터 허리띠를 주겠다는 약속을 받아 내었다. 헤라는 헤라클레스를 죽이기 위해 아마존의 여자로 둔갑하여, 외국인이 아마존의 여왕을 납치한다는 소문을 퍼뜨렸다. 그러자 아마존족들은 헤라클레스의 배를 나포하려 했다.

헤라클레스는 여전사들과 싸움을 벌이게 되고, 헤라클레스는 히폴리테가 음모를 꾸민 것으로 알고, 그녀를 죽이고 허리띠를 빼앗아 돌아온다.

열 번째 과업: 게리오네스의 소떼

아폴로도로스의 『원전으로 읽는 그리스 신화』(Ⅱ,2.10)에 헤라클레스의 열 번째 과업에 대해 나온다. 열 번째 과업은 에리테이아Erytheia에서 3개의 머리와 3개의 몸통을 가지고 있는 괴물 게리오네스Geryones(혹은 게리온(Geryon), 또는 게리오네우스(Geryoneus))의 소떼를 에우리스테우스에게로 끌고 오는 일이었다.

게리오네스는 허리에서 세 사람이 하나로 결합되었다가, 엉덩이와 넓적다리에서 다시 셋으로 나누어진 괴물이었다. 게리오네스의 소는 에우리티온Eurytion이라는 거인 목동과 그를 따르는 머리가 둘 달린 개 오르토스Orthos가 지키고 있었다.

헤라클레스가 오르토스와 에우리티온을 죽이자, 이를 알게 된 게리오네스가 그를 쫓아왔다. 헤라클레스는 화살을 쏘아 게리오네스를 죽이고, 소들을 끌고 온다.

헤라클레스가 소떼를 몰고 가는데, 황소 한 마리가 이탈을 하여 엘리모이Elymoi 족의 왕인 에릭스Eryx의 들판으로 갔다. 헤라클레스는 에릭스와 시합을 하여 이기고는 황소를 빼앗았다.

헤라클레스가 소떼를 몰고 아드리아해에 도착하자, 헤라가 소떼에게 쇠파리를 보내 소떼들을 흩어지게 하였다. 헤라클레스는 가까스로 소떼를 모은 후, 스트리몬Strymon 강을 건너가 에우리스테우스에게 바쳤다. 그는 그 소들을 헤라에게 제물로 바친다.

밤이 되자, 아벤티누스Aventínus[45]의 동굴에 사는 식인 거인 카쿠스Cacus가 헤라클레스가 훔쳐온 괴물 게리오네스의 소떼를 훔쳐 갔다. 동굴 안에서 도둑맞은 소의 울음소리가 들려오자, 헤라클레스는 카쿠스를 죽이고 소를 되찾는다.

항아리의 그림: 헤라클레스와 게리오네스와의 싸움. 파리 루브르 박물관.

45 로마의 7언덕 중의 하나.

반디넬리
(Baccio Bandinelli, 1525~1534):
카쿠스를 죽이는 헤라클레스.
피렌체 시뇨리아 광장.

열한 번째 과업: 헤스페리데스의 황금사과를 가져오는 일

아폴로도로스의 『원전으로 읽는 그리스 신화』(2권 2.11)에 헤라클레스의 열한 번째 과업에 대해 나온다. 열 개의 과업을 이룩하였지만, 에우리스테스는 아우게이아스의 가축 떼의 과업과 히드라의 과업을 인정하지 않고, 저녁과 일몰의 황금빛 요정인 헤스페리데스Hesperides의 황금 사과를 가지고 오라고 하였다.

사과는 헤라가 결혼할 때 대지의 여신 가이아에게서 받은 것인데, 헤스페로스들이 지키고 있었다. 헤라클레스는 아틀라스 대신 하늘을 떠받치고 아틀라스에게 사과를 가지고 오게 하였다.

펠레그리니
(Giovanni Antonio Pellegrini,
1675~1741):
헤스페리데스 정원의
헤라클레스.

템페스타
(Antonio Tempesta,
1555~1630)의 동판화:
헤라클레스와 케르베로스.
LA 카운티 미술관.

열두 번째 과업: 케르베로스

아폴로도로스의『원전으로 읽는 그리스 신화』(Ⅱ,2.12)에 헤라클레스의 열두 번째 과업에 대해 나온다. 열두 번째 과업은 하계下界에서 머리가 세 개인 케르베로스Kerberus[46]를 데려오는 일이다. 그는 헤르메스와 아테나의 도움을 받아 하데스로 내려가, 케르베로스를 에우리스테우스에게 데려 갔다가 다시 하계로 데려다 주었다.

헤라클레스와 알케스티스

아폴로도로스의『원전으로 읽는 그리스 신화』(1권 9.14)에 헤라클레스와 알케스티스에 대한 이야기가 나온다. 아드메토스는 알케스테스와 결혼을 할 때 아르테미스에게 제물을 바치는 것을 잊어버리고 만다. 그가 신방新房 문을 열어보니, 뱀들이 방 안에 가득 차 있었다. 아폴론이 그에게 신들을 달래라고 조언하자, 운명의 여신들은 아드메토스가 죽을 때, 그를 대신하여 죽을 사람이 나타난다면 다시 살도록 해준다고 약속한다.

그가 죽을 때가 되었으나 아무도 대신해서 죽을 사람이 없자, 아내 알케스티스가 나섰다. 알케스티스의 말이 떨어지기가 무섭게 아드메토스는 살아나고, 알케스테스는 곧 죽음을 맞이하였다. 그 무렵 아드메토스 궁전에 있던 헤라클레스가 이 이야기를 듣고, 하데스와 싸워 알케스티스를 다시 살려낸다.

---

46 226page의 <마이어의 대화사전: 하데스와 케르베로스> 그림 참고.

레이톤(Fredrick Lord Leighton, 1830-1869): 헤라클레스가 알케스티스를 위하여 타나토스와 싸우다(1869-1871). 미국 하트퍼트의 워즈워스 학당 미술관.

티시바인(Johann Heinrich Tiscjbein, 1751-1829): 헤라클레스가 타나토스에게서 알케스티스를 빼앗아 아드메토스 왕에게 인도하다(1780).

귀도 레니
(Guido Reni, 1575~1642):
헤라클레스와 아켈로오스.
파리 루브르 박물관.

헤라클레스와 아켈로오스

오비디우스의 『변신』(9권 1~97행)에는 변신의 능력을 지닌 강의 신 아켈로오스Achelous와 헤라클레스의 혈투가 묘사되어 있다. 아켈로오스는 데이아네이라Deianeira를 사이에 두고 헤라클레스와 혈투를 벌인다. 헤라클레스는 히드라를 죽인 자신의 능력을 과시하면서, 뱀으로 변한 아켈로오스 정도는 쉽게 이길 수 있다고 자랑하였다. 아켈로우스는 뱀과 황소로 변신해서 헤라클레스를 상대했으나, 결국 헤라클레스에게 지고 만다.

이탈리아의 화가 레니의 작품은 아켈로오스와 헤라클레스의 혈투를 묘사하고 있다.

수르바란
(Francisco de Zurbaran, 1598~1664):
안타이오스와 헤라클레스.
마드리드 프라도 미술관.

헤라클레스와 안타이오스

안타이오스Antaios는 대지의 여신 가이아의 아들로, 힘이 장사인 거인이다. 그가 어머니인 대지에 발을 붙이고 있는 동안은 어느 누구도 그를 이길 수가 없었다. 그는 자기 나라에 오는 사람이 있으면 싸움을 걸었는데, 지는 사람은 무조건 목숨을 내놓아야 한다는 조건을 달았다. 헤라클레스는 안타이오스와 싸움을 하였는데, 그가 대지에 닿으면 새로운 힘을 얻는다는 것을 알고 공중에서 그의 목을 졸라 죽인다.

헤라클레스의 죽음

반인반마半人半馬 일원인 켄타우로스Kentauros 족, 네소스Nessus는 강물을 건너는 헤라클레스를 도와 그의 두 번째 아내 데이아네이라를 날라주고 있었다.

귀도 레니
(Guido Reni, 1575~1642):
네소스에게 납치되는
데이아네이라.
(1617~1621).
파리 루브르 박물관.

수르바란
(Francisco de Zurbaran,
1598~1664):
헤라클레스의 죽음.
마드리드 프라도 미술관.

그러다 네소스는 갑자기 흑심이 생겨 그녀를 납치하려 했다. 이에 격분한 헤라클레스는 네소스를 독화살로 쏘아 죽인다. 네소스는 죽기 직전, 데이아네이라에게 남편의 사랑을 잡을 수 있는 방법을 알려 주겠다고 말한다.

그는 데이아네리아에게 헤라클레스의 웃옷 안쪽에 자신의 피로 적신 천 조각을 기워 남편에게 입히라고 하였다. 그녀는 그 천 조각을 옷에 붙여 입히면 사랑의 부적이 되리라는 네소스의 말을 믿었기 때문에, 네소스의 피가 묻은 천 조각을 옷에 기워 헤라클레스에게 주었다.

데이아네이라가 준 옷을 입은 헤라클레스는 독이 자신의 몸속에 퍼지는 것을 느낀다. 그가 고통에 괴로워하며 옷을 찢자, 살점이 옷과 함께 뜯겨나가기도 하였다. 그는 장작더미를 쌓아 놓고 그 위로 올라가 불에 타 죽는다.

이탈리아 화가 레니의 <네소스에게 납치되는 데이아네이라>는 데이아네이라가 네소스에 납치되는 순간과 먼 곳에서 그 장면을 바라보고 달려가는 헤라클레스의 모습을 그리고 있다.

페르세우스

제우스와 다나에 사이에서 태어난 페르세우스는 외할아버지인 아르고스Argos[47]의 왕 아크리시오스Acrisius에 의해 바다에 버려

졌다. 아크리시오스는 페르세우스가 자신을 제거하고, 자신의 자리를 차지한다는 예언을 믿었기 때문이었다.

페르세우스는 세리포스Serifos 섬까지 표류하였다가 어부에 의해 발견되었고, 그 나라의 왕 폴리덱테스Polydectes에 의해 환대를 받았다. 폴리덱데스는 페르세우스가 장성하자, 메두사의 머리를 가져오라고 한다.

바다의 신 폰토스와 가이아 사이에서 태어난 메두사는 원래 아름다운 여인이었으나, 포세이돈과 아테나 신전에서 사랑을 나누다가 아테나의 미움을 받았다.

안토니오 카노바
(Antonio Canova, 1757~1822):
메두사의 머리를 들고 있는 페르세우스.
로마 바티칸의 피오 클렌멘티노 박물관.

---

47 아르고스(Argos): 그리스 남동부에 있는 고대의 아르골리스 지방에 있는 도시 이름.

게다가 메두사는 아테나와 자신의 아름다움을 겨루려다가 아테나의 저주를 받아, 누구든지 그 눈을 바라보면 돌로 변하게 되는 괴물이 되었다.

아폴로도로스의 『원전으로 읽는 그리스 신화』(2권 4.2)에 페르세우스, 메두사, 그리고 페가수스에 대한 이야기가 나온다. 아테나는 페르세우스에게 메두사의 마력을 피할 수 있는 청동방패를 주었고, 제우스도 헤르메스를 보내 하늘을 날 수 있는 신발을 주었다.

페르세우스는 메두사가 자는 틈을 타, 그 옆에 섰다. 아테나가 그를 도와주고, 그는 눈길을 돌려 청동방패를 응시하면서 그 속에서 메두사의 모습을 보고 메두사의 머리를 베었다. 메두사의 머리가 베이자, 고르고의 몸에서 날개 달린 페가수스와 게리오네우스의 아버지인 크뤼사오르Chrysaor가 튀어나왔다.

페르세우스는 메두사의 머리를 자르고, 아테나는 메두사의 머리를 자신의 방패(아이기스(Aegis))에 장식하였다. 페르세우스가 들고 있는 검은 날의 한쪽 편에 낫 모양의 돌출부가 있는 '하르페'이다.

영국 빅토리아 시대의 화가 에드워드 번 존스의 <페가수스와 크뤼사오르의 탄생>은 페르세우스가 메두사의 머리를 자르는 장면이다. 메두사의 머리에서, 페가수스와 크뤼사오르가 태어나고, 페르세우스의 오른손에는 메두사의 머리가 들려 있다. 페가수스는 영국 공군의 상징으로도 사용되고 있다.

에드워드 번 존스
(Edward Burne-Jones, 1833-98):
페가수스와 크뤼사오르의 탄생
(1876-1885).
영국 사우샘프턴 시립 미술관.

영국 공수부대의 상징:
페가수스.

안드로메다

오비디우스의 『변신 이야기』(4권 669-752행)에 안도르메다Andromeda의 구출에 대한 이야기가 나온다. 케페우스Cepheus 왕이 다스리는 아이티오피아Aithiopia에서는 케페우스의 아내 카시오페이아Cassiopia가 네레우스의 딸들보다, 자신이 더 아름답다고 자랑을 하였다. 이에 네레우스의 딸들과 포세이돈이 진노하여, 해일과 괴물을 보내 아이티오피아를 죽이게 한다.

이집트의 신 암몬Ammon이 카시오페이아의 딸 안드로메다를 괴물한테 바치면 재앙이 없어질 것이라 예언하자, 왕은 자신의 딸 안드로메다 공주를 바위에 묶어 둔다.

레이턴(Frederic Leighton, 1830-1896): 안드로메다를 구하는 페르세우스. 영국 리버풀의 워커미술관.

아이티오피아에 도착한 페르세우스는 안드로메다를 보고 첫 눈에 반해, 괴물을 죽이고 그녀를 구출한다. 그러자 원래 안드로메다와 약혼을 했었던 피네우스Phineus가 페르세우스를 상대로 음모를 꾸민다. 음모를 알아챈 페르세우스는 괴물 자매인 고르곤('고르고'라고도 한다. 혹은 '메두사')을 보여주어, 그 공모자들을 돌로 변하게 하였다.

영국 출신의 화가 레이턴의 그림에는 페르세우스가 그의 애마 페가수스를 타고, 바위에 묶인 안드로메다를 구하는 순간을 표현하였다.

프랑스의 화가 반 루는 날개가 달린 신발을 신은 페르세우스가 안드로메다를 구하는 장면을 묘사하고 있다.

샤를 앙드레 반 루(Charles-Andre van Loo, 1765-1765): 페르세우스와 안드로메다. 에르미타주 미술관.

피에로 디 코시모(Piero di Cosimo, 1642~1522):
안드로메다를 구하는 페르세우스(1510~1515). 우피치미술관.

모이라이

모이라이는 제우스와 테미스의 자녀라고 하기도 하고, 밤의 여신 닉스가 홀로 나은 자식으로 운명의 여신이라고도 한다. 이들은 생명의 실을 뽑아내는 클로토, 운명을 나누어 주는 라케시스와 생명의 실을 끊는 아트로포스이다.

이들의 역할은 인간들의 운명의 실을 짜기도 하고, 큰 가위를 가지고 있다가 마음 내킬 때마다 그 실을 잘라버리기도 한다.

독일 공예가인 피셔는 <세 명의 운명의 여신>이란 작품에서 라케시스, 아트로포스, 그리고 클로토를 나신으로 묘사하였다.

피셔(Hans Vischer, 1489~1550):
세 명의 운명의 여신,
1530년 경.
베를린 공예 박물관.

무사이

헤시오도스의 『신들의 계보』(53~57행)에는 제우스가 므네모시네와 9일을 함께 하여, 태어난 딸들이 무사이라고 언급하고 있다. 무사이는 모두 아홉 자매로 노래를 주관한다. 그리고 『신들의 계보』(1권 76~89행)에 그 딸들의 이름이 언급된다.

책을 들고 있는 클레이오, 에우테르페, 가면을 들고 있는 탈리아, 비극의 뮤즈인 멜포메네Melpomene, 가무의 뮤즈 테르프시코레Terpsichore, 연가의 뮤즈인 에라토, 찬가와 무언극의 뮤즈인 폴리힘니아Polyhymnia, 천문학의 뮤즈인 우라니아Urania, 서사시의 뮤즈 칼리오페 등이다.

멜포메네: 2세기 로마 동상.

쉬외르
(Eustache Le Sueur, 1616~1655):
멜포메네, 에라토, 폴리힘니아.
파리 루브르박물관.

예술의 여신들인 무사이가 사는 신전을 그리스어로는 '무사이온'Mousaion, 영어로는 '뮤지움'Museum이라고 한다.

2세기에 만들어진 로마의 멜포메네 동상은 벨트를 한, 긴 의상이 비극 배우를, 머리에 포도로 장식을 한 것은 디오니소스를 연상케 한다.

탄탈로스

탄탈로스Tantalus는 제우스와 요정 플루토Plouto 사이에서 태어난 아들이다. 아폴로도로스의 『원전으로 읽는 그리스 신화』(요약권 2.1)에 탄탈로스에 대한 이야기가 나온다.

그는 신들의 비밀을 인간들에게 누설하고, 친구들에게 신의 음식 암브로시아를 나눠주려 했기 때문에 신들은 그를 타르타로스에 추방하여 영원히 고통 받게 한다.

탄탈로스가 저승에서 받은 벌은 『오디세이아』(11권 582~591행)에도 묘사되어 있다. 오디세우스는 키르케Circe의 도움으로 명부冥府로 가, 그곳에서 탄탈로스를 만나게 된다.

탄탈로스는 물이 턱에까지 닿는 연못 속에서도 목이 말라 물을 마시려 하면 물이 말라 버렸고, 연못가에 자란 탐스러운 과일나무에 달린 과일을 먹으려 손을 내밀면, 과일달린 나무들은 바람을 따라 구름위로 치솟아 버렸다.

아세레토
(Gioacchino Assereto, 1600~1649):
탄탈로스(1888).
뉴질랜드 오클랜드 미술관.

이탈리아의 화가 아세레토는 탄탈로스가 아무리 잡으려고 노력해도 닿지 못하는 과일나무 아래에 있는 모습을 그리고 있다.

카리테스

제우스와 티탄족인 에우리노메Eurynome사이에서 태어난 세 자매 카리테스Charites(로마에서는 그라티아에(Gratiae))는 아름다움과 우아함의 여신이다. 보통 세 명이 함께 등장해 삼미신三美神이라고도 불린다.

삼미신은 빛나는 아름다움을 뜻하는 아글라이아Aglaea, 기쁨의 여신을 뜻하는 에우프로시네Euphrosyne, 꽃의 만발을 뜻하는 탈리아Thalia[48]이다.

삼미신(대리석).
파리 루브르 박물관.

보티첼리
(Sandro Botticelli, 1445~1510):
<프리마베라>(1482) 중 삼미신.
피렌체 우피치 미술관.

48 무사이 중 희극의 뮤즈인 탈리아(Thalia)와 동명이인이다.

회화에는 보통 나신으로 두 여신이 마주보고 그 사이에 한 명이 등을 돌리고 있는 모습으로, 혹은 상대방의 어깨에 팔을 걸치거나 손을 맞잡은 모습으로 등장한다.

우피치 미술관에 전시된 보티첼리의 <프리마베라>에서 삼미신은 아프로디테와 함께 등장한다.

파리 루브르 박물관에 전시된 삼미신은 로마의 첼리오Celio[49] 언덕에서 발견된 것이다. 바로크 조각가 니꼴라 꼬르디에Nicola Cordier가 1609년에 이 작품을 복구하였다.

49 로마의 7언덕 중의 하나.

라파엘(Raphael, 1483~1520): 삼미신. 프랑스 샹티이 성안의 콩드 박물관

4

올림포스의 신들

제우스의 형제

제우스와 그의 형제들

이탈리아 화가 카라바조의 작품 <유피테르와 넵튠, 그리고 플루토>는 루보비시 별궁Villa Ludovisi[1]의 천장화이다. 카라바조는 추기경이자, 자신의 후원자인 프란체스코 델 몬테Francesco Maria Del Monte(1549~1627)를 위해, 유피테르(로마 신화의 제우스)가 넵튠(로마 신화의 포세이돈)과 플루토(로마 신화의 하데스)와 함께 있는 그림을 그렸다.

델 몬테 추기경은 인문학의 대가로 알려져 있고, 카라바조는 특히 연금술에 관심이 많았다. 이를 반영하여 그는 유피테르와 넵튠, 플루토를 의사이자 연금술사인 파라켈수스Paracelsus(1493~1541)의 3원소로 표현하였다.

유피테르는 유황과 공기, 넵튠은 수은과 물, 그리고 플루토는 소금과 땅으로 표현하였다. 또한 그는 신들을 동물들과 함께 표현하였는데, 유피테르는 독수리, 넵튠은 해마, 플루토는 개(케르베로스)와 함께 그려져 있다.

---

1 로마 교외에 있는 별장으로, 루보비시 추기경이 17세기에 건립한 것이다.

마이어의 대화사전:
하데스와 케르베로스(1888).

카라바조(Michelangelo da Caravaggio, 1573~1610):
주피터, 넵튠, 플루톤(1597).
로마 루보비시 별궁

포세이돈

포세이돈은 물의 신이다. 그는 바위를 부수거나, 폭풍을 부르거나 잠재우기도 하고, 해안을 뒤흔들기도 한다. 삼지창이 그를 상징한다.

포세이돈은 말을 다루는 기술을 인간에게 가르쳐 준 신이기도 하여, 경마의 수호신으로 섬겨지기도 한다. 그의 말들은 모두 청동 발굽과 황금 갈기를 하고 있다. 그는 이륜차를 몰아 바다 위를 달린다.

수이온 곶의 포세이돈 신전(B.C. 440).

포세이돈의 개선. 3세기 중반. 튀니지 수스 고고학 박물관.

튀니지 수스Sousse에 있는 고고학 박물관에 표현되어 있는 <포세이돈의 개선>은 포세이돈이 두 마리의 해마가 끄는 마차를 타고 있는 모습이다.

이탈리아 피렌체의 시뇨리아 광장Piazza della Signoria에 있는 넵튠의 분수에는 가운데 4마리의 해마가 끄는 이륜차를 타고 있는 넵튠이 서 있다. 소라고둥을 불고 있는 트리톤, 강의 신, 웃고 있는 사티로스, 그리고 스킬라Scylla와 카리브디스Charibdis가 보인다.

이 분수는 이탈리아의 조각가이자, 건축가 암만나티Bartolomeo Ammannati(1511~1592)의 작품이다.

암만나티(Ammannati, 1511~1592): 넵튠의 분수. 피렌체 시뇨리아 광장.

앙투안 쿠아즈보(Antoine Coysevox, 1640~1720): 넵튠. 파리 루브르 박물관.

포세이돈과 아테나

포세이돈과 아테나는 아티카Attica[2]를 두고, 서로 자신의 도시라고 다투었다. 그때 케크롭스 왕이 아티카 사람들에게 유익한 선물을 주는 신을 도시의 주인으로 하겠다고 선포한다.

포세이돈은 삼지창을 휘둘러 우물을 용출시켰다. 그런데 물이 소금물이었다고 한다. 미네르바는 올리브 나무를 주고, 케크롭스는 아테나(미네르바)의 손을 들어 준다. 화가 난 포세이돈은 아티카에 홍수가 범람하게 하였다. 이 이야기는 아테나 도시의 유래이기도 하다.

프랑스 화가 우아스는 그림 <넵튠과 미네르바의 싸움>으로 아테나와 포세이돈의 싸움을 표현했다.

우아스(Rene-Antoine Houasse, 1645-1711): 넵튠과 미네르바의 싸움(1689). 베르사유 궁전.

2 아티카(Attica): 아테네 주변지역을 일컬음.

게인(Jacob de Gheyn, 1565~1629): 넵튠과 암피트리테. 발라프 리하르츠 박물관.

암피트리테와 트리톤

포세이돈의 아내는 바다의 요정 암피트리테Amphitrite이다. 그는 돌고래를 타고 가서 암피트리테에게 구혼하고, 결혼이 성사되자 돌고래를 하늘의 별자리로 만들어 주었다. 그녀는 소라고둥을 뜻하는 트리톤Triton을 낳는다. 예술 작품에서 트리톤은 주로 포세이돈 옆에서 소라고둥을 부는 나팔수의 모습으로 등장한다.

하데스

데메테르, 트리프톨레모스, 페르세포네

크로노스와 레아의 딸인 데메테르는 토지의 여신으로 농업을 관장했다. 데메테르의 상징은 곡식 이삭, 수선화, 양귀비와 백

합이다.

하데스는 데메테르와 제우스의 딸 페르세포네를 납치하여, 지하의 세계로 도망쳤다. 데메테르는 9일 동안 횃불을 들고 딸을 찾아다니다가, 열흘 째 되던 날 헤키테의 조언으로 태양의 신 헬리오스를 추궁하였고, 그를 통해 하데스가 페르세포네를 데리고 갔다는 사실을 알게 되었다. 그 후 데메테르는 올림포스 신들의 모임에 참석하지 않고, 인간의 모습을 하고 인간이 사는 마을과 논밭을 떠돌아 다녔다.

데메테르.
로마 국립 박물관.

데메테르는 딸을 찾아 떠돌던 중, 엘레우시스의 켈레오스Keleos의 환대를 받았다. 그녀는 감사의 뜻으로 켈레오스의 왕자 트리프톨레모스Triptolemos에게 농업 기술을 알려주었다. 트리프톨레무스는 '세 번 밭을 가는 자'란 뜻으로, 사람들에게 농업의 기술을 가르치기 위해 그리스 전역을 돌아다녔다고 한다.

데메테르는 트리프톨레모스를 불사신으로 만들기 위해, 낮 동안은 신들이 먹는 음식을 갓난아이의 피부에 문질러 발랐으며, 부드러운 숨결을 불어넣어주며 품속에 안고 지내는 등 여러 가지 비의秘義를 시행했다.

페르세포네,
트리프트톨레무스,
데메테르.
엘레우시스 지방의 대리석 부조.
B.C. 440-440.

엘레우시스.

데메테르가 어느 날 테아이를 잿더미 속에 눕혔는데, 트리프톨레무스의 생모가 그의 행동을 보고 놀라, 잿더미에서 아이를 꺼냈다. 이에 데메테르는 신의 모습을 드러내며 "내 신전을 세우라"고 명령하고, 그 제식을 가르쳐 주겠다고 하였다. 이것이 바로 '엘레우시스의 데메데르 신전'이다.

데메테르가 딸을 찾아다니는 동안, 대지에는 어떠한 식물도 열매를 맺지 못하였다. 이에 놀란 제우스는 헤르메스를 보내 하데스에게서 페르세포네를 데리고 오라고 한다.

하데스는 페르세포네가 데메테르에게 돌아가면 자신에게 돌아오지 않을 것을 두려워 석류를 먹였다. 그리하여 페르세포네는 꽃과 곡물의 종자가 땅 속에 묻혀있는 겨울에는 저승으로 내려가 하데스와 살게 되었다.

데메테르는 어느 정도 일이 정리되자, 켈레오스와의 약속을 기억하고 엘레우시스에 가서 제의 의식을 전수해주었다. 이것을 '엘레우시스의 비의'라고 한다. 이 비의는 밝혀지지 않았지만, 고대 그리스의 어떤 의식보다도 성대하고 장엄했다고 한다.[3] 엘레우시스는 데메테르의 비의가 행해지던 곳이고, 아스클레피우스의 탄생지이기도 하다.

이탈리아 조각가 베르니니의 작품은 하데스에게서 도망치기 위해 몸부림치는 페르세포네를 묘사하였다.

잔 로렌초 베르니니
(Gian Lorenzo Bernini, 1598~1680):
페르세포네를 납치하는 하데스.
로마 보르게세 미술관.

3 시에구사 가즈코(1995): 앞의 책, 72쪽 이하.

오르페우스와 에우리디케

아폴로도로스의 『원전으로 읽는 그리스 신화』(1권 3.2-3)에 오르페우스의 출생과 능력, 그리고 에우리디케Eurydike의 이야기가 나온다. 오르페우스는 아폴론과 무사이 여신인 칼리오페의 아들이었다. 오르페우스가 키타라 반주에 맞춰 노래하면 그 노랫소리에 바위와 나무들도 들썩거렸다. 어느 날 오르페우스의 아내 에우리디케가 뱀에 물려 죽었다. 아내가 죽자, 여러 여인들이 그에게 구애를 했는데, 그는 모두 뿌리쳤다.

그는 저승으로 내려가 아내를 돌려달라고 플루토[4]을 설득했다. 플루토는 오르페우스가 집으로 돌아가는 가는 길에 뒤를 돌아보지 않으면, 그렇게 해주겠다고 한다. 그러나 오르페우스는 믿어지지 않아 도중에 아내를 보았고, 아내는 저승으로 돌아가야 했다.

주로 신화와 종교적, 역사적 주제를 형상화 하는 이탈리아 화가 라짜리니는 오르페우스가 디오니소스의 여신도들인 마이나데스의 구애를 물리치자, 거절당한 그들이 모욕감에 오르페우스의 사지를 찢어 죽이고 마는 모습을 형상화하고 있다.

이탈리아의 조각가 카노바는 지하에서 갑작스럽게 손이 튀어나와 오르페우스를 다시 저승으로 데려가려 하자, 절망감에 머리를 쥐어짜는 오르페우스의 모습을 형상화하고 있다.

---

4 하데스의 별칭이다.

그레고리오 라짜리니(Gregorio Lazzarini, 1657~1730): 오르페우스와 바칸데스.
베네치아 18세기 박물관.

안토니오 카노바(Anronio Canova, 1757~1822): 오르페우스와 에우리디케. 베네치아 코레르 박물관.

헤스티아

크로노스와 레아의 큰 딸인 헤스티아는 화덕과 부뚜막을 지키는 가정의 신이다. 헤스티아는 올림포스에서도 가장 두드러지지 않고 조용히 가정의 화목을 지키는 신이라, 트로이 전쟁에서도 헤스티아는 등장하지 않는다. 그녀는 영원히 순결을 지킨 신이기도 하다.

헤스티아는 로마에서는 좀 더 그 위치가 상승된다. 로마의 베스타 신전에서는 여섯 명의 여사제가 성화를 지키고 있었고, 열 살 이전의 소녀들이 입회하여 30년 동안 순결을 지키며 베스타 신정神政에 봉사하는 여성 단체가 있었다. 그들은 흰색 옷과 베일을 착용하고, 신녀로서 샘의 요정 에게리아Egeria의 성스러운 샘물로 땅을 정화시키는 임무를 맡았다.

헤스티아 신전.
로마의 포로 로마노 내.

에게리아의 신전.
로마 카파렐라 공원.

에게리아와 누마

로마의 님프 에게리아는 로마의 2대 황제 누마 폼펠리우스Numa Pompilius(B.C. 753~673)에게 법률과 제식에 대한 조언을 해주었다고 한다. 누마는 아내 타티아Tatia가 죽은 뒤 에게리아를 아내로 삼았다고 한다.

오비디우스의 『변신 이야기』(15권 479~486행)에 누마와 에게리아의 이야기가 나온다.

> 사람들이 말하기를 누마는 이러한 가르침과 그 밖의 다른
> 가르침을 마음속으로 배운 뒤 고향으로 돌아가서는
> 백성들의 청을 받아들여 라티움의 통치권을 장악했다고 한다.

그는 요정의 행복한 남편으로, 카메나에 여신들의
지도를 받아 제물을 바치는 의식을 가르쳤고, 잔혹한 전쟁에
익숙해 있던 민족을 인도하여 평화와 예술로 나아가게 했다.
그가 연로하여 통치의 삶을 마감하자 라티움의 여인들과
백성과 아버지들은 모두 그의 죽음을 애도했다.
그의 아내는 도시를 떠나 아리키아 계곡의 우거진 숲속에
은둔하고 숨어서, 신음소리와 곡소리로 오레스테스가
시작한 디아나의 의식을 방해했다.

에게리아는 고대 로마에서는 샘의 요정 카메나에Camenae의 하나로 간주되기도 하였다. 누마가 죽자, 에게리아는 슬픔에 잠겨 샘이 되었다.

체카(Ulpiano Checa, 1860-1916): 에게리아가 누마 폼필리우스 황제에게 로마의 법을 쓰게 하다.

로랭(Claude Lorrain, 1600~1682): 에게리아가 누마를 애도하다(1669).
나폴리 국립 카포디몬테 박물관.

에게리아의 샘은 로마의 세르비아네 방벽Servian Wall에 있는 포르타 카페나Porta Capena 근처에 있다. 이곳에서 성스러운 물을 얻을 수 있었다고 전해진다.

19세기에 에게리아 신전은 많은 이들이 좋아하는 피크닉 장소였다. 에게리아 신전은 로마 근교 카파렐라 공원Parco della Caffarella 내에 있다.

프랑스의 화가 로랭의 그림에서는 한 요정이 무릎을 꿇고, 왼손은 에게리아에게 향하고, 오른손은 호수를 가리키고 있다.

5

운명을
이끄는
자

신화 속 영웅

이아손

아폴로도로스의 『원전으로 읽는 그리스 신화』(1권 9.23)에 이아손과 메데이아에 대한 이야기가 나온다. 테살리아 지방의 이올코스Iocos라는 곳에 국왕 아이손Aeson이 지배를 하고 있었다.

그는 자신의 아들 이아손Iason이 너무 어려 왕위를 물려줄 수 없게 되자, 아우 펠리아스Pellias에게 왕위를 물려주었다. 성인이 된 이아손은 숙부에게 왕위를 요구하자, 펠리아스는 콜키스Colchis 왕국에 있는 황금모피를 가져오라고 한다. 황금모피를 찾아오는 것은 그리스의 자존심을 찾는 일을 뜻하는 것이다.

왕비 네펠레Nephele는 아타마스 왕 사이에서 프릭소스Phrixus와 헬레Helle라는 쌍둥이를 얻는다. 아타마스는 아이들이 탄생한 후 곧 네펠레를 멀리하고, 이노와 결혼을 한다. 네펠레는 계모에게서 핍박을 받는 자신의 아이들을 구해달라고 헤르메스에게

트로이(Jean François de Troy, 1679~1752): 이아손이 황금모피를 얻다(1742).
런던 내셔널 갤러리.

기도를 하였다. 그러자 헤르메스는 네펠레에게 황금으로 된 숫양을 주었다. 그녀는 자신의 자식들을 숫양이 멀리 안전한 곳으로 데려다 줄 것을 신들에게 기도하였다.

황금 숫양은 아이들을 태워 멀리 콜키스로 갔다. 그들이 시게이온Sigeion과 케르소네소스Chersonesos 사이에 있는 바다에 이르렀을 때, 헬레는 바닷물 속으로 미끄러져 죽고 만다. 그녀가 익사한 바다는 그녀의 이름을 따, '헬레스폰토스'Hellespontos라 불린다.

프릭소스는 황금 숫양을 산 채로 제우스에게 바치고, 자신을 환대해준 콜키스의 왕 아이에테스Aeetes에게는 황금 숫양의 황금모피를 주었다. 황금모피는 잠들지 않는 용이 지키는 아레스

신의 숲에 보관되었다.

이아손은 황금모피를 가져오기 위해 쾌속이라는 뜻의 '아르고' 배를 만들었다. 이 여행에는 포세이돈의 아들 에르기노스 Erginos와 헤라클레스, 오르페우스, 트로이 원정에도 참여한 네스토르 등의 많은 영웅들이 함께 참여하였다.

콜키스에 도착한 이아손이 그곳의 왕 아이에테스에게 자신의 계획을 말하자, 왕은 불을 뿜은 황소에게 멍에를 얹어 밭을 갈고, 용의 이빨을 뿌리면 황금모피를 주겠다고 약속한다.

이아손은 메데이아가 준 방법대로 하여, 황소에게 멍에를 얹을 수 있었고, 왕의 명령대로 용의 이빨을 뿌려 무장한 병사들로부터 위기를 모면하게 된다. 그리고 메데이아가 준 약을 황금모피를 지키는 용에게 뿌려, 용을 잠재우고 황금모피를 차지하게 된다.

피네우스

아르고호의 선원들은 항해 중 트라케Thrace의 살미데수스Salmydessus에 들렀는데, 여기에는 두 눈을 잃은 예언자 피네우스가 살고 있었다. 그는 아게노르 왕의 아들이라고도 하고, 포세이돈의 아들이라고 한다. 그는 미래의 일을 예언한 까닭에 눈이 멀게 되었다.

전해지고 있는 다른 설說로는 피레누스가 후처의 꾐에 빠져 전처소생의 두 아들의 눈을 뽑았기에 자신의 눈도 뽑혔다고 한다. 신들은 여자 얼굴을 하고 있는 날개 달린 괴물 하르피이아

이Harpies를 보내 피레우스의 앞에 음식이 놓이면 그 음식을 빼앗아 먹도록 하는 벌을 주었다.[1]

아폴로도로스의 『원전으로 읽는 그리스 신화』(1권 9.21)에 피네우스, 하르피이아이, 그리고 아르고호의 선원들에 대한 이야기가 나온다. 피네우스는 자기가 하르피이아이들로부터 벗어나게 해준다면 아르고호 선원들에게 항로를 알려주겠다고 한다. 그들이 음식을 푸짐하게 차려놓자, 갑자기 하르피이아이들이 음식들을 채어갔다. 그것을 보자 보레아스의 두 아들 칼라이스와 제테스가 칼을 빼들고 그들을 뒤쫓았다. 하르피이아이는 스트로파데스 군도까지 추격당했으나, 더 이상 피네우스를 괴롭히지 않겠다고 약속하였다. 피네우스는 하르피이아이에게 벗어나자, 아르고 선원들에게 항로와 바위들에 대해 조언해 주었다.

메데이아

마술사 메데이아Medeia(혹은 메데아(Medea))와 이아손의 사랑과 저주의 이야기는 오비디우스의 『변신 이야기』(7권 1-349행)에 실려 있다. 콜키스의 아이에테스 왕에게는 메데이아라는 딸이 있는데, 그녀는 이아손을 보고 사랑에 빠져버린다. 그녀의 마술의 도움을 받아 이아손은 황금모피를 얻었다.

1 아이네이아스의 탈출과 방랑 참조.

귀스타브 모로
(Gustave Moreau, 1826~1898):
이아손과 메데이아(1865):
파리 오르세 미술관.

그런데 이아손은 코린토스Korinthos의 크레온Creon 왕의 딸과 결혼하려 하였다. 메데이아는 자신의 형제까지 죽이고 이아손이 황금모피를 얻게 도와주었으나, 자신을 배신하자 아이들을 죽이는 것으로 이아손에게 복수하고 도피를 하였다.

프랑스의 화가 모로의 작품에는 메데이아와 이아손, 그리고 기둥 꼭대기에 양의 머리가 보인다. 그들의 발밑에는 이아손이 퇴치한 용이 있다. 용은 날개달린 모습으로 창에 의해 죽어 있는 모습이다.

신화에서는 용은 잠이 들어버린 것으로 되어 있는데, 모로의 작품은 이아손의 창에 의해 죽음을 당한 것으로 표현되었다. 메데이아는 오른손에 용을 잠재울 수 있는 약을 들고 있다. 그녀의 몸을 장식한 꽃은 독초가 있는 헬레보레Hellebore란 꽃이란 주장이 있다.[2] 이것은 녹색, 흰색, 그리고 보라색의 꽃이 핀다고 한다.

에우리피데스의 『메데이아』

오비디우스의 『변신 이야기』(7권 394-396행)에는 메데이아가 이아손에게 복수하기 위해 자식들을 죽인다고만 간단히 묘사되었다.

에우리피데스는 아폴로도로스의 『원전으로 읽는 그리스 신화』(1권 9.28)에 나와 있는 것처럼, 자신의 『메데이아』에서 메데이아를 복수의 화신인 최고의 악녀로 묘사했다.[3]

이아손은 자신이 코린토스의 공주와 결혼하는 것은 자신과 자식들의 안위를 위한 것이라고 메데이아에게 변명한다. 그리고 야만족의 메데이아가 헬라스Hellas[4]에 살게 되었음이 행운이었다고 메데이아에게 모욕을 주었다.

이에 분노한 메데이아는 이아손의 신부를 독살하고, 자신의 아이들을 살해하였다. 독이 든 옷을 입고 죽어가는 딸을 구하려다 크레온도 죽고 만다.[5]

---

2 https://eclecticlight.co/2016/02/02/the-story-in-paintings-gustave-moreau-and-the-dissolution-of-history 참조

3 에우리피데스: 『메데이아』. 실린 곳: 에우리피데스 비극 전집 I 권. 천병희 옮김. 도서출판 숲.

4 헬라스(Hellas): 고대 그리스에서 그리스를 칭하는 것.

이탈리아 시라쿠스에서 2009년 공연된 에우리피데스의 『메데이아』에서의 데우스 엑스 마키나 (Deus ex machina)

들라크로아 (Eugene Delacroix, 1798~1863): 메데이아의 분노(1862). 파리 루브르 박물관.

---

5 에우리피데스(2009): 『메테이아』. 에우리피데스 비극 전집 I 권. 천병희 옮김. 도서출판 숲. 29~85쪽 참조.

에우리피데스는 극의 종반에 데우스 엑스 마키나Deus ex Machina (신들의 기계적 출현)로 메데이아의 할아버지인 태양신의 마차를 사용한다.

> (메데이아가 아이들의 시신을 안고 용들이 끄는 수레를 타고 지붕 위로 나타난다.
> 메데이아: 당신은 어인 일로 문을 흔들고 지레를 부수면서
> 시신들과 일을 저지른 나를 찾는 건가요?
> 헛수고하지 마세요. 내가 필요하다면 용건을
> 말해보세요. 손으로 나를 잡지는 못할 거예요.
> 내 아버지의 아버지이신 헬리오스께서 내게
> 적의 손을 막아줄 이런 수레를 주셨으니 말예요.
> (에우리피데스의 『메데이아』 중 1317~1321행)[6]

메데이아는 태양의 신이 보내준 마차를 타고 아이게우스Aegeus가 있는 아테네로 간다.

메데이아와 테세우스

오비디우스의 『변신 이야기』(7권 394~423행)에 메데이아와 테세우스에 대한 이야기가 나온다. 공주와 자식을 죽인 메데이아는 아테네로 도피를 하였고, 그곳에서 메데이아는 자신을 환대해준 아이게우스와 결혼까지 하였다. 메데이아는 아이게우스의 아

6 에우리피데스(2009): 메디이아. 81쪽. 실린곳: 에우리피데스 비극 전집 I, 천병희 옮김. 도서출판 숲.

들 테세우스로 인해 남편에 대한 자신의 영향력이 줄어들까봐, 독약을 타서 테세우스에게 건넸다. 아이게우스는 테세우스가 가지고 있는 칼을 보고, 아들인 것을 알고 독약을 못 마시게 하였다. 메데이아는 이 사건으로 인해 아시아로 도망을 치게 된다.

멜레아그로스

오비디우스의 『변신 이야기』(7권 273~444행)와 아폴로도로스의 『원전으로 읽는 그리스 신화』(1권 8.1~3)에 멜레아그로스Meleagros(혹은 Meleager)에 대한 이야기가 나온다. 칼리돈Calydon의 왕 오이네우스Oeneus는 추수를 마친 후에 신들에게 제물을 바치면서 그만 아르테미스 여신을 잊고 말았다. 분노한 여신은 칼리돈에 큰 멧돼지를 보내, 나라를 온통 엉망으로 만들었다. 멧돼지를 없애기 위해 전역에서 많은 사람들이 몰려왔다.

처음으로 멧돼지에게 상처를 준 것은 아탈란테Atalante였다. 아폴로도로스의 『원전으로 읽는 그리스 신화』(3권 8.2)에 아탈란테의 탄생과 성장에 대해서 자세하게 나와 있다. 그녀의 아버지 이아소스Iasus는 아들을 원했는데 딸이 탄생하자 내다버렸다.

암곰이 그녀를 키웠고, 사냥꾼에 의해 자랐다. 그녀는 처녀성을 지니고, 소일거리로 사냥을 했다. 켄타우로스 족인 로이코스Rhoecus와 휠라이오스Hylaeus가 그녀를 겁탈하려다, 그녀의 화살

요르단스(Jacob Jordaens, 1593~1678): 멜레아그로스와 아탈란테(1620~1650). 프라도 미술관.

을 맞고 죽는다.

그녀는 영웅들과 함께 칼리돈의 멧돼지 사냥에 참가하였다. 아탈란테에 이어 멜레아그로스가 멧돼지의 허리를 칼을 꽂아 멧돼지를 죽이게 되었다. 그는 아탈란테에게 호감을 가지고 있었기에 멧돼지의 가죽을 그녀에게 주었다. 여자가 사냥에 동참한 것을 못마땅해 하던 멜에아그로스의 외숙부 플렉시포스Plexippius와 톡세우스Toxeus가 분노하며, 멜레아그로스가 가죽을 원치 않는다면, 친척이 갖는 것이 옳다고 주장한다.

멜레아그로스와 알타이아

오비디우스의 『변신 이야기』(7권 445~525행)에 알타이아와 멜레아그로스의 이야기가 나온다. 칼리돈의 여왕 알타이아Althaea가 멜

바우어(Johann Wilhelm Baur): 오비디우스의 알타이아의 삽화(1659).

레아그로스를 낳자, 운명의 여신 모이라이 자매가 알타이아를 찾아왔다. 여신들은 그녀에게 아이의 운명이 아궁이에 타고 있는 장작과 연결되어 있으니, 장작이 모두 타버리면 아이도 죽게 될 거라고 말했다.

이 말을 들은 알타이아는 얼른 장작불을 끈 다음, 장작을 항아리에 담아 소중하게 보관하였다. 멜레아그로스가 외숙부들을 죽였다는 소식을 들은 알타이라는 항아리 속 장작을 불에 집어넣었다. 그 순간 멜레아그로스도 화염에 불타올라 부모 형제의 이름을 부르며 숨을 거두었다.

레니(Guido Reni, 1575~1642): 히포메네스와 아탈란타(1618~1619). 마드리드 프라도 미술관.

아탈란테

아탈란테와 멜라니온

아폴로도로스의 『원전으로 읽는 그리스 신화』(3권 8.2)에 아탈란테와 멜라니온Melanion (혹은 히포메네스 Hippomenes)의 이야기가 나온다. 그녀가 자신을 버린 아버지를 찾아가니, 그는 딸에게 결혼을 하라고 재촉하였다. 그녀는 자신과 경주를 하여 자기보다 먼저 장대있는 곳에 도착한 이와 결혼하기로 한다. 구혼자들을 자신보다 앞서 장대있는 곳에서 출발하도록 하였으나, 자신보다 늦게 도착한 구혼자는 죽음을 당했다.

멜라니온도 경주에 참가했는데, 그는 아프로디테에게서 받은 황금사과를 가져왔다. 그가 경주에서 뒤쳐지게 되자, 황금사과를 던져 버린다. 앞서 달리던 아탈란테가 떨어진 사과를 줍다가 멜라니온에게 지고 만다. 결국 멜라니온은 아탈란테와 결혼을 하였다.

테세우스

테세우스의 탄생

테세우스는 아테나이의 왕 아이게우스와 트로이젠Trozen 왕의 딸인 아이트라Aethra 사이에서 태어났다. 아이게우스는 아이가 태어나기 전, 아이트라와 헤어진다.

아이게우스는 자신의 칼과 구두를 커다란 돌 밑에다 넣어두고 장차 아이가 자라 그 돌을 들어내고, 감추어 놓은 것을 꺼낼 만한 힘이 생긴 연후에 자기에게 보내라고 말하였다. 테세우스가 장성하자, 아이트라는 아이와 그 돌이 있는 곳으로 갔다. 테세우스는 그 돌을 치우고, 아버지의 칼과 구두를 꺼낸다.

테세우스와 페리페테스

테세우스는 아버지에게 가면서 여러 가지 어려운 일을 겪는다. 테세우스는 아버지에게 가는 첫날 에피다우로스Epidauros[7]에 당

카노바(Antonio Canova, 1757~1822):
테세우스(1782).
런던 빅토리아 앤드 앨버트 박물관.

도했는데, 그곳에는 헤파이스토스의 아들 페리페테스Periphetes가 곤봉을 가지고, 길손들을 괴롭히며 살고 있었다. 테세우스는 페리페테스를 해치우고 획득한 곤봉을 첫 승리의 기념품으로 항상 지니고 다닌다.

테세우스와 프로크루스테스

테세우스가 당한 여러 가지 어려운 일 중에 가장 힘든 상대는 아티카의 강도 프로크루스테스Prokrustes라는 사람이었다. 그는

---

7 에피다우로스(Epidauros): 그리스 펠로폰네소스반도 아르골리스 북동 해안에 고대도시.

쇠침대를 가져다 놓고 길손이 지나가면 침대에다 눕혔다. 길손이 침대보다 짧으면 팔다리를 늘려 침대 길이에다 맞추고, 길면 잘라버리는 자였다.

테세우스는 프로크루스테스를 그의 침대에 눕히고는 똑같은 방법으로 그를 처치했다. 이 신화의 의미는 자신의 기준에 따라 남의 생각을 억지로 자신에게 맞추려는 독단을 말한다.

테세우스와 프로크루스테스:
아티카 출신 화가의 암포라.
B.C. 570-560.
뮌헨 국립고대미술관.

테니엘(John Tenniel):
최근의 무역 대회에서의 움직임
"노동자들에게
심각한 상해를 입히지 않으면서
시간의 보편적인 통일성을
확립하는 것은 불가능하다."
구텐베르크 프로젝트
전자책에 나오는 만화.
1891년 9월 19일.

미노스

아테나이인들은 크레타 왕 미노스의 강권에 못 이겨, 해마다 처녀 7명과 총각 7명을 조공으로 바쳤다. 미노스 왕은 황소의 몸, 인간의 머리를 한 미노타우로스Minotaurus의 먹이로 이 조공을 제공하고 있었다. 미노타우로스는 다이달로스Daedalus가 설계한 미궁에 갇혀 살았다.[8]

테세우스가 크레타에 이르자, 미노스 왕 앞으로 끌려 나갔다. 그 자리에 있던 미노스 왕의 딸 아리아드네가 테세우스에게 반했다. 아리아드네는 실 한 타래를 주면서, 실을 이용하여 미궁에서 빠져나올 수 있다고 테세우스에게 조언해주었다.

단테와 베르길리우스가 미노타우로스를 만나다. 단테의 『신곡』의 삽화.

8 미노타우로스 참조.

그는 아리아드네와 조공으로 갔던 처녀와 총각들을 데리고 낙소스 섬에서 출발하였다. 그런데 그는 꿈에 나타난 아테나 여신의 충고로 아리아드네를 놓아둔 채 낙소스 섬을 떠나버린다.

테세우스는 자신이 조공이 되어 다른 사람들 사이에 끼어들어 검은 돛을 올리고 출항을 하였었다. 테세우스는 자신이 승리를 하면 검은 돛 대신 흰 돛을 올리겠다고 부왕과 약속하였다.

해안에 도착했을 때, 그는 부왕과의 약속을 잊어버리고 흰 돛을 올리지 못했다. 이에 아이게우스는 아들이 죽은 줄 알고 자살하게 되고, 테세우스가 부왕의 뒤를 이어 아테나이의 왕이 된다.

페드라와 히폴리토스

왕이 된 테세우스는 미노스의 딸 페드라Phaedra와 결혼하였다. 결혼할 당시 테세우스에게는 전처 소생인 히폴리토스Hippolytus(Hippolytos)라는 아들이 있었다. 페드라는 히폴리토스에게 반하여 접근하였으나, 그는 계모의 사랑을 거절하였다.

페드라의 사랑은 증오로 변하여, 남편으로 하여금 아들을 질투하게 만들었다. 테세우스가 아들에게 복수해달라고 포세이돈에게 요청하자, 어느 날 히폴리토스가 이륜차를 몰아 해변을 달리고 있을 때, 파도 속에서 괴물이 나와 히폴리토스의 말을 놀라게 한다.

이 때문에 놀란 말은 도망쳐버리고, 이륜차는 산산조각이 났다. 히폴리토스는 죽었다가, 아르테미스의 도움을 받아 명의名醫 아스클레피오스에 의해 되살아난다.

프랑스의 작가 라신느Jean Racine(1639~1699)도 그리스 신화의 페드라(프랑스어로 페드르)와 히폴리토스(프랑스어로 이폴리테)의 소재를 5막으로 된 『페드르*Phèdre*』(1677)란 작품에서 형상화하였다.

페드라가 히폴리토스에게 사랑을 고백한 것은 신화와 같은 내용이나, 페드르(페드라)의 유모 에논느Oenone가 왕이 없는 동안, 이폴리테가 페드르를 범하려 하였다고 테제(테세우스)에게 말하고, 화가 난 테세우스(프랑스어로 테제)에게서 추방당한 이폴리테가 마차를 타고 가다 죽음을 맞이하고, 이에 죄책감에 시달리던 페드르가 이폴리테의 무죄를 말하며, 죽음을 맞이하는 장면은 각색된 내용이다.

장 밥티스트 르무안(Jean-Baptiste Le-moyne, 1704~1778): 히폴리토스의 죽음(1715). 파리 루브르 박물관.

이 사건으로 테세우스는 백성들의 신망을 잃고, 리코메데스Lycomedes의 궁전으로 은퇴하게 된다. 리코메데스 왕은 처음에는 테세우스를 환대했으나, 결국 그를 죽이고 만다.

다이달로스와 이카로스

오비디우스의 『변신 이야기』(8권 183~235행)에 다이달로스와 이카로스Icarus에 대한 이야기가 나온다. 다이달로스는 자신이 만든 미로에 대한 이야기가 유출되지 않게 하기 위해 성탑에 갇히게 되었다.

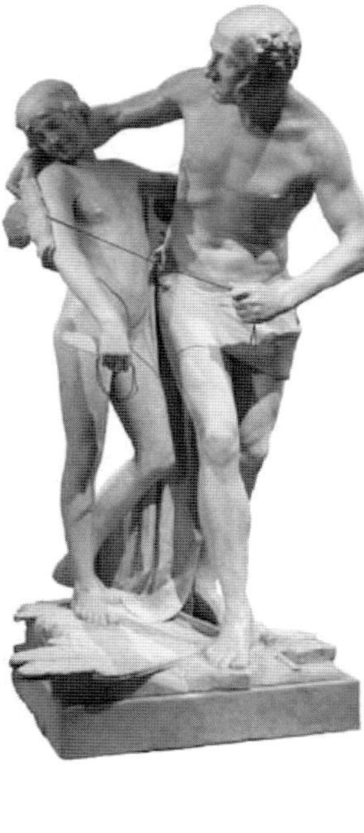

안토니오 카노바
(Antonio Canova, 1757~1822):
다이달로스와 이카로스.
베네치아 코레르 박물관.

그는 미궁을 빠져나오기 위해 깃털과 밀랍으로 날개를 만들어, 자신과 아들의 어깨에 붙였다. 다이달로스는 아들에게 태양에 너무 가까이 가지 말 것을 경고했다.

다이달로스는 아들에게 비행하는 법을 가르치고, 두 사람은 하늘을 날아다녔다. 이카로스는 대담한 비상에 매료되어, 델로스와 사모스를 지나자 더 높이 날아올랐다. 그러자 이카로스의 날개가 녹아, 결국 그는 추락하여 죽고 만다. 그가 묻힌 곳은 사모스 섬 서쪽에 있는 이카리아Ikaria섬이다.

고위(Jacob Peter Gowy, 1610~1664): 이카로스의 추락. 마드리드 프라도 미술관.

스핑크스

아폴로도로스의 『원전으로 읽는 그리스 신화』(3권 5.8~9)에 스핑크스와 오이디푸스Oedipus에 대한 이야기가 나온다. 테바이의 오이디푸스는 자신의 아버지인 줄 모르고 라이오스Laius 왕을 죽이게 되었다.

이 일이 있은 후, 테바이는 괴물 스핑크스Sphinx에 의해 시달리게 되었다. 헤라가 테바이에 여자 얼굴에 사자의 가슴과 발과 꼬리, 새의 날개를 가지고 있는 스핑크스를 보냈기 때문이다.

스핑크스는 바위 위에 웅크리고 있다가 지나가는 사람을 멈추게 하고는 수수께끼를 냈는데, 맞추지 못하면 죽여 버렸다. 스핑크스의 질문은 목소리는 하나뿐이지만, 처음에는 발이 네 개, 다음에는 두 개가 되었다가, 마지막에는 세 개가 되는 것이 무엇이냐는 것이다.

답을 말하지 못한 사람들이 죽음을 당하고, 급기야 크레온의 아들 하이몬Haemon도 스핑크스의 문제를 풀지 못해 잡아먹히게 되자, 크레온은 수수께끼를 푸는 자에게 왕위와 라이오스의 아내를 주겠다고 공표한다.

오이디푸스가 그 질문에 답을 하자, 스핑크스가 굴욕을 느낀 나머지 바위 위에서 몸을 던져 자살하고, 오이디푸스는 크레온의 약속대로 테바이의 왕이 되었고, 자신을 낳아 준 친모와 결혼하게 되었다.

장 오귀스트 도미니크 앵그르 (Jean-Auguste-Dominique Ingres): 스핑크스의 수수께끼를 설명하는 오이디푸스(1808). 파리 루브르 박물관.

앵그르는 그림 <스핑크스의 수수께끼를 설명하는 오이디푸스>에서 오이디푸스가 의인화된 지성의 괴물 스핑크스Sphinx를 이김으로써 '부조리에 승리'함을 나타냈다. 벌거벗은 남성은 태양에 의해 강조되었다.

오이디푸스

소포클레스의 마지막 비극 작품 『콜로노스의 오이디푸스』(B.C. 407)에는 오이디푸스의 삶이 담겨져 있다.

자신을 낳아준 어머니인줄 모르고, 결혼을 하여 자식까지 낳게 된 것을 알게 된 오이디푸스는 자신의 눈을 찌르고 장님이 되어, 고향을 떠나 아테네의 콜로노스Colonus에 도착하였다. 그의 딸 안티고네가 그의 곁을 지켰다.

소포클레스의 작품에 따르면 오이디푸스의 딸 이스메네Ismene도 함께 있었다고 한다. 그의 두 아들 에테오클레스Eteolkles와 폴리네이케스Polyneices는 크레온Creon에게 쫓겨 가는 아버지 오이디푸스를 돕지 않았다.

해리어트(Fulchran Jean Harriot, 1776~1805): 콜로노스의 오이디푸스(1798). 클리브랜드 미술관.

이에 격분한 오이디푸스가 아들에게 저주를 퍼부어, 두 아들은 왕권을 가지고 다투다, 결국 서로 죽이고 만다. 아테네의 테세우스는 오이디푸스를 도왔고, 그는 테베로 가지 않고 아테네에서 생을 마감하였다.

프랑스의 화가 해리어트는 <콜로노스의 오이디푸스>에서 장님이 된 오이디푸스와 그의 딸 안티고네의 모습을 그렸다.

시시포스

님프 아이기나Aegina가 제우스에게 납치되자, 코린토스의 왕인 시시포스Sisyphus는 아이기나의 아버지이자, 강의 신 아소포스Asopus에게 이를 알렸다. 제우스가 노여워하여 시시포스에게 죽음의 신 타나토스를 보내 시시포스를 사슬로 묶으려고 했다.

시시포스는 교활하게 하계로 인도하는 헤르메스가 나타나지 않는 이유와 사슬의 역할에 대해 타나토스에게 물어보았다. 타나토스는 시시포스의 소원을 들어주어, 자신이 사슬에 묶이면 아무도 죽지 않는다고 말해준다.

시시포스가 타나토스를 사슬로 묶어 숨기자, 아무도 죽지 않았다. 이로 인해 군신 아레스는 전쟁에서 적이 죽지를 않자, 전쟁이 재미없어졌다고 투덜댔다. 결국 아레스는 타나토스를 구조하고, 시시포스를 저승으로 데려간다.

시시포스의 신화에는 여러 형식의 이야기가 있다. 그중 하나는 하데스가 시시포스에게 갔지만, 시시포스는 하데스를 사슬로 묶어버린다. 하데스가 묶여 있자, 늙고 병든 사람들은 물론 어느 누구도 죽지 못해 고통을 겪는다. 신들이 시시포스도 죽지 못해 고통스러운 삶을 살게 되어, 죽고 싶게 될 것이라고 위협하자, 결국 시시포스는 하데스를 풀어준다는 이야기이다.

시시포스의 다른 형식의 이야기는, 시시포스가 죽기 전에 아내에게 자신의 옷을 벗겨 광장에 던지고, 자신의 장례식을 치루지 말며, 자신의 몸을 매장하지도 말라고 당부한다. 그가 스틱스 강의 해안에 도달하여, 페르세포네에게 자신의 아내가 자신을 경멸했으니, 아내의 소홀함을 벌할 수 있도록 자신을 인간세계로 되돌아가게 해달라고 설득한다. 시시포스가 지하로 되돌아가는 것을 거부하자, 하데스가 그를 끌고 간다는 이야기이다.

또 다른 형식의 시시포스 이야기는 자신은 타나토스의 실수로 저승으로 오게 되었다고 페르세포네에게 이야기하자, 그녀가 시시포스를 풀어주는 이야기이다.

오비디우스의 『변신 이야기』(4권 460, 466행)에는 저승에서 겪는 시시포스의 영원한 형벌이 언급된다. 교활하게 신을 속인 시시포스에게 화가 난 제우스는 시시포스에게 커다란 바위를 산꼭대기로 올리는 형벌을 내렸다. 산꼭대기에 도달한 돌은 다시 떨어져 내려와, 시시포스는 영원히 되풀이해야 하는 형벌을 받았다고 한다.

호메로스의 『오디세이아』(11권 592~600)에 오디세우스가 저승에서 시시포스가 받는 형별을 자세히 묘사하고 있다.

> 그는 두 손으로 거대한 돌덩이를 움직이고 있었소.
> 그는 두 손과 두 발로 버티며 그 돌덩이를 산꼭대기 너머로
> 밀어 올렸소. 그러나 그가 그 돌덩이를 산꼭대기 너머로
> 넘기려고 하면 그 무게가 그를 뒤로 밀어내는 것이었소.
> 그러면 그 뻔뻔스러운 돌덩이가 도로 들판으로 굴러 내렸고
> 그러면 그는 또 기를 쓰며 밀었소. 그의 사지에서 비 오듯 땀이
> 흘러내렸고 그의 머리 위로는 구름처럼 먼지가 일었소.

이탈리아의 르네상스 시대의 화가 티치아노는 계속 움직이는 바위를 끊임없이 산꼭대기로 밀어 올려야 하는 시시포스의 근육질의 몸매와 거대한 돌을 배치시키는 방법으로 시시포스의 형벌을 표현했다.

티치아노(Tiziano Vecellio, 1490~1576): 시시포스(1548~1549). 마드리드 프라도 미술관.

피그말리온

오비디우스의 『변신 이야기』(10권 244~296행)에 피그말리온Pygmalion에 대한 이야기가 나온다. 피그말리온은 키프로스 섬[9]의 조각가였다. 그는 자신이 만든 조각상을 감상하다, 사랑에 빠지게 된다.

키프로스에 아프로디테의 축제날이 되자, 사람들은 아프로디테에게 제물을 바치고 향을 피웠다. 피그말리온도 제단 앞에 서서, 저 상아 같은 처녀를 자신의 아내로 달라고 여신 아프로디테에 기도한다.

라우(Jean Raoux, 1677~1734): 피그말리온과 갈라테이아 (1717). 몽펠리에 파브르 미술관.

9 키프로스 섬: 지중해 동부에 위치해 있는 섬.

집에 돌아온 피그말리온은 자신이 만든 작품에 입을 맞추다가 온기를 느끼며, 상아로 된 그 조각상이 살아 있다는 것을 알게 된다. 아프로디테는 피그말리온에게 감동하여 두 사람의 결혼을 축복해주었다.

피그말리온 신화에서 '피그말리온 효과'라는 심리학 용어가 나왔다. 즉, 타인의 관심이나 기대가 능률을 올리거나, 결과가 좋게 하는 현상을 말한다.

프랑스 화가 라우는 오비디우스의 『변신 이야기』(10권 244~296행)에 나오는 피그말리온의 조각상이 사람으로 변하는 장면을 묘사했다.

피라모스와 티스베

오비디우스의 『변신 이야기』(4권 55~166행)에 피라모스Phyramus와 티스베Thisbe에 대한 이야기가 나온다.

바빌론Babylon이란 도시에 피라모스와 티스베가 이웃집에 살고 있었다. 두 사람은 서로 사랑을 하였으나, 부모님의 반대로 결혼을 하지 못하였다. 두 사람의 집 사이에는 담장이 있었는데, 두 사람은 담장을 가운데 두고 사랑을 나누었다.

어느 날 두 사람은 만나기로 약속을 하였다. 약속 장소에 일찍 나간 티스베는 소 떼를 습격해, 주둥이를 온통 피로 물들인 암사자를 만나게 된다.

놀란 티스베가 암사자를 피해 도망치다가, 그만 목도리를 놓치고 말았다. 암사자는 티스베가 떨군 목도리를 갈기갈기 찢어버린다. 잠시 후 나타난 피라모스는 티스베의 목도리가 피가 묻힌 채 찢어져 있는 것을 보고, 티스베가 죽은 줄로 알게 된다.

비통한 마음의 피라모스는 자신이 차고 있던 칼을 꺼내어 자신의 몸을 찔러 죽음을 선택한다. 잠시 피신해 있던 티스베도 약속 장소에 죽어 있는 피라모스를 보자, 칼로 자신의 몸을 찔러 죽는다.

이탈리아의 화가 파가니는 죽어 있는 피라모스를 보고, 슬퍼하는 티스베를 묘사하고 있다.

파가니
(Gregorio Pagani, 1558~1605):
피라모스와 티스베(1530).
피렌체 우피치 미술관.

6

이야기의
시작

신화 속
전설적 인물

나르키소스와 에코

오비디우스의 『변신 이야기』(3권 1~510행)에 나르키소스Narcissus(나르시스)와 에코Echo에 대한 이야기가 묘사되어 있다.

강의 신 케피소스Cephisus는 물의 요정 리리오페Liriope를 겁탈하여 나르키소스를 낳았다. 나르키소스는 너무 아름다워 많은 젊은이들과 소녀들의 관심의 대상이었다. 그러나 그는 다른 이에게 관심을 가지지 않았다.

에코는 남이 말하면 그의 마지막 말을 되풀이하는 요정이었다. 헤라는 제우스가 다른 요정들과 함께 사랑을 나누고 있으면 그 장소를 습격했는데, 에코가 헤라를 붙들어 일부러 장광설을 늘어놓으며, 요정들이 도망칠 수 있도록 했다. 이에 화가 난 헤라는 에코가 남의 말만 되풀이하도록 만들었다.

어느 날 에코는 나르키소스를 보고 반해버렸다. 그러나 그녀는 나르키소스에게 말을 하려 했지만, 그가 말하는 마지막 말만

푸생(Nicolas Poussin, 1594-1665): 에코와 나르키소스(1630). 파리 루브르 박물관

되풀이 하자, 그는 도망을 쳤다. 나르키소스는 여러 요정들을 농락했는데, 그 요정 중에 한 명이 그가 사랑하는 것을 얻지 못하도록 하늘에 소원을 빌자, 네메시스가 그 소원을 들어 주었다.

나르키소스는 어느 날 물을 마시다 물에 비친 자신의 얼굴을 보고 자신의 모든 것을 찬탄하며, 자신을 열망하게 된다. 자신을 너무 사랑하게 된 나르키소스도 점점 자신의 사랑에 시들어져 가고, 결국은 푸른 숲 위에서 죽음을 맞이하게 되었다.

나르키소스가 죽은 후, 그의 시신에서 하얀 꽃잎을 가진 수선화(수선화의 학명은 나르키소스(Narcissus)이고, 그리스어로는 'Narkissos')가 발견되었다. 에코는 그의 마지막 말을 들어주며, 그의 곁을 지켜준다.

프랑스의 화가 푸생은 <에코와 나르시스>에서 누워있는 나르시스와 그를 바라보고 있는 에코를 그리고 있다.

아키스

오비디우스의 『변신 이야기』(13권 750~897행)에 미남 청년 아키스Acis와 바다의 요정인 갈라테아Galatea의 사랑 이야기가 나온다. 그녀는 바다의 신 네레우스Nereus의 50명(100명이라는 설도 있다)의 딸(네레이데스(Nereides)) 중의 한 명이다.

갈라테아는 아키스와 사랑을 하나, 키클롭스 중의 한 명인 폴리페무스Polyphemus가 그녀를 사랑하였다. 복수심에 폴리페무

페리에(Francois Perrier, 1590~1650): 아키스와 갈라테아. 파리 루브르 박물관.

스가 산을 뜯어 아키스에게 던지자, 아키스는 죽어서 강물로 변했다. 아키스는 시칠리아의 동해안으로 흘러드는 강 이름이기도 하다.

파리의 뤽상부르 공원의 메디치 분수는 루이자 데 메디치 Anna Maria Luisa de' Medici(1667~1743) 왕비를 위해 만든 동굴 모양의 분수이다. 프랑스의 조각가 오탱은 폴리페무스가 다정하게 있는 아키스와 갈라테아를 놀라게 하는 장면을 형상화하였다.

오탱(Auguste Ottin, 1811~1890): 아키스와 갈라테아를 놀라게 하는 폴리페무스(1866). 뤽상부르 공원의 메디치분수.

케팔로스와 프로크리스

오비디우스의 『변신 이야기』(7권 661~865행)에 미남 청년 케팔로스와 미녀 프로크리스Procris에 대한 이야기가 나온다. 오비디우스는 아내를 잃은 케팔로스가 자신의 이야기를 하게 한다.

에오스(아우로라)는 갓 결혼한 케팔로스에 반해 그를 납치해갔다. 그는 아내를 잊지 못해 여신에게 간청하여, 아내에게 되돌아간다. 케팔로스는 자신이 떠나가 있는 동안, 아내의 마음이 바뀌었는지 알아보기 위해, 여신의 도움으로 모습을 바꾸어 아내에게 되돌아갔다. 모습이 바뀐 그가 많은 재산과 선물로 아내를 유혹하자, 아내 프로크리스는 결국 흔들고 만다.

푸생(Nicolas Poussin, 1594~1665): 케팔로스와 에오스(1630). 런던 국립미술관.

케팔로스가 자신의 본 모습을 드러내자, 프로크리스는 창피함을 견디지 못하고 집을 나가버렸다. 그러나 케팔로스는 아내를 더욱 그리워하게 되고, 결국 두 사람은 행복하게 결혼 생활을 영위하게 된다.

그러던 어느 날 케팔로스는 사냥을 나가서 휴식을 취하다가 산들 바람이 불어오자, 다음과 같이 속삭인다.

> 나를 기쁘게 해다오! 가장 반가운 이여! 내 품속으로 들어와
> 늘 그러하듯 나를 불태우고 있는 열기를 진정시켜다오!
>
> 『변신 이야기』(Ⅶ, 814-815행)

브테바엘(Joachim Wtewael, 1566-1638): 죽어가는 프로크리스(1595-1600). 미국 세인트 루이스미술관.

이 말을 들은 어떤 이가 케팔로스가 다른 이를 사랑한다고, 프로크리스에게 말해주었다. 그 소리를 들은 그녀는 남편의 뒤를 밟는다. 케팔로스는 사냥을 하다가 풀밭에 누워 다시 "산들바람이여, 와서 내 노고를 진정시켜다오!"라고 말을 하자, 프로크리스는 신음소리를 냈다. 이 소리를 짐승의 소리로 착각한 케팔로스는 창을 던지고, 이 창에 맞은 프로크리스는 죽고 말았다.

푸생의 작품은 케팔로스를 유혹하는 에오스를 그리고 있다. 케팔로스 뒤에는 에오스가 타고 온 백마가 서 있다.

네덜란드 화가 브테바엘의 그림은 케팔로스가 던진 창에 죽어가는 프로크리스의 가슴에서 창을 뽑는 장면을 묘사하고 있다. 프로크리스는 앞 쪽에 있고, 케팔로스가 그녀의 뒤편에서 창을 뽑고 있다.

켄타우로스

익시온과 네펠레

제우스는 테살리아의 왕 익시온Ixion을 좋아해, 그를 신들의 만찬에 초대했다. 그런데 그는 헤라를 보고 사랑에 빠져 성적 충동을 느꼈다. 제우스는 이 상황을 알고, 구름 네펠레Nephele를 헤라의 모습으로 바꾸어놓았다. 익시온은 그녀를 헤라로 알고 관계를 했다. 이때 태어난 것이 허리까지는 사람이고, 나머지는 말처럼 생긴 켄타우로스 종족이다. 제우스는 번개로 익시온을 벌주고, 그를 불타는 수레바퀴에 묶어 타르타로스에 던져 버렸다.

오비디우스의 『변신 이야기』(10권 42행)에 익시온의 형벌이 언급된다. 익시온은 영원히 불타는 수레바퀴에서 고초를 당해야 했다.

폼페이 '베티의 집'에 있는 그림에는 왼쪽 끝에 수레에 매달린 익시온이 있고, 그 옆에 카두케이스를 들고 있는 헤르메스, 그의 뒤에는 헤파이스토스, 그 앞에는 헤라, 그녀의 뒤에는 무지개의 여신 이리스Iris가 있고, 네펠레는 무릎을 꿇고 있다. 켄타우로스는 대체적으로 거칠고 호색적으로 표현되었다.

익시온:
폼페이 베티의 집
식당에 있는 그림.

라피타이족과 켄타우로스족의 싸움 (켄타우로마키아(Centauromachia))

오비디우스의 『변신 이야기』(12권 209~458행)에 라피타이(라피테스(Lapithes)족이라고도 한다)족과 켄타우로스족의 싸움이 묘사된다. 라피타이족의 왕 페이리토오스Peirithous와 히포다메이아Hippodamia가 결혼식을 올릴 때, 인간들과 함께 켄타우로스도 초대를 받았다.

결혼식 잔치가 무르익을 무렵, 켄타우로스족의 하나인 에우리티온이 술에 취하여 신부를 폭행하려 했는데, 다른 켄타우로스들도 같은 짓을 하는 바람에 큰 싸움이 벌어졌다. 결국 켄타우로스 중 몇몇이 살해를 당했다.

이것이 고대 조각가나 시인들이 작품의 소재로 즐겨 썼던 <라피타이 족과 켄타우로스 족의 싸움>이다. 이 싸움은 문명화된 행동(그리스인)과 야성적 행동(야만족)을 가진 사람들 사이의 싸움으로 해석되고 있다.

미켈란젤로 (Michelangelo di Lodovico Buonarroti Simoni, 1475~1564): 켄타우로마키아(1492).

코시모(Piero di Cosimo, 1462~1522); 라피타이족과 켄타우로스족의 싸움(1500~1522).
런던 국립 미술관,

미켈란젤로의 <켄타우로마키아>에서는 대부분의 남자들은 전투 중에 몸부림치는 모습으로 형상화되어 있다. 모두 벌거벗은 몸으로 표현되어 있고, 허리 윗부분만 묘사되어 있는 경우가 많다. 왼쪽의 한 남자는 돌을 들고 있다.

케이론Chiron

켄타우로스 종족이 무조건 난폭한 것만은 아니다. 켄타우로스 종족 중에 케이론은 사냥, 의술, 음악과 예언술에 능하였다. 아킬레우스, 아스클레피오스Asclepius, 이아손, 디오스쿠로이 등, 그리스의 많은 영웅들이 그의 제자들이다.

호메로스의 『일리아스』(11권 806~848행)에 트로이의 장군 에우리필로스Eurypylus와 아킬레우스의 약에 대한 이야기가 나온다.

파트로클로스는 심하게 부상을 당한 에우리필로스와 마주쳤다. 그는 파트로클로스에게 켄타우로스 종족 중 가장 정직하고 현명한 아케론에게서 약 만드는 법을 배운 아킬레우스의 약을 자신에게 뿌려달라고 요청한다. 파트로클로스가 에우리필로스를 자신의 막사로 데려가 아킬레우스가 만든 약을 상처 부위에 붙이자, 상처가 나았다.

아일랜드의 역사화가 바리의 작품 <아킬레스의 교육>에는 아킬레우스는 그리스 전사의 모습으로 표현되었다. 그는 옆에 방패와 무기를 내려놓고 스승의 지도를 받는다.

왼쪽 그늘에는 여성 켄타우로스의 모습이 보인다. 오른쪽 아래에 있는 방패에는 뱀을 잡으려는 어린 헤라클레스의 모습이 새겨져 있다. 자신의 꼬리를 입에 무는 형상을 지닌 뱀은 무한無限함을 나타낸다. 오른쪽 윗부분에는 아테나의 동상이 보이는데, 아테나도 지혜의 여신이다. 바리는 이 작품으로 '영원한 지혜'를 상징하려 했다.

제임스 바리(James Barry, 1741~1806).: 아킬레우스의 교육(1772).
미국 뉴헤븐에 있는 예일대학교 스털링 기념도서관.

헤르쿨라네움의 프레스코화. 케이론이 아킬레우스를 교육하다(1772).
나폴리 국립고고학 박물관.

그리핀(그리피스)

그리핀Griffin은 몸은 사자이며, 머리와 날개는 독수리의 머리와 날개이고, 등은 철로 덮여 있는 괴물이다. 이 괴물은 새처럼 둥우리를 틀고 사는데, 알 대신 마노를 낳았다. 발톱이 길어, 이 발톱으로 술잔을 만들었다고 한다.

그리스의 전설적인 시인 아리스테아스Aristeas는 스키타이 북부에 사는 전설적인 외눈박이 거인족 아리마스포이Arimaspians에 대한 시를 남겼다. 그들은 금을 지키는 그리핀족과 전투를 벌여 금을 빼앗았다고 한다.

그리핀. 바젤의 중세 태피스트리(1450). 베를린 공예박물관.

그리스 신화에서는 그리핀은 러시아의 우랄산맥에 사는 외눈박이 거인족이라 한다. 그들의 주위에는 항상 금이 있고, 그리핀이 지키고 있다고 한다.

미노타우로스

아폴로도로스의 『원전으로 읽는 그리스 신화』(3권 1.3-4)에 미노타우로스에 대한 이야기가 나온다. 크레타의 왕 미노스는 형제들과 경쟁을 하였는데, 자기가 신들에게 왕권을 부여받았다고 주장하였다. 그리고 자기가 신들에게 기구祈求하는 것은 무엇이든 이루어진다고 하였다.

폼페이 베티의 집: 다이달로스가 파시파에에게 자신이 만든 소를 보여준다. 1세기 작품.

미노스는 포세이돈에게 제물을 바치며 깊은 바다에서 황소 한 마리가 나타나게 해달라고 기도하며, 그것이 나타나면 제물로 바치기로 하였다. 포세이돈이 황소를 한 마리 보내, 미노스는 왕권을 차지할 수 있었다. 그러나 그는 그 황소를 자신의 가축 떼에 포함시키고, 다른 황소를 제물로 바쳤다.

화가 난 포세이돈은 미노스를 처벌하기 위해, 미노스의 아내 파시파에Pasiphae를 황소와 사랑에 빠지게 하였다. 파시파에는 다달로스에게 도움을 요청했다. 그는 나무로 암소를 만들어 속을 파고, 암소 가죽을 그 위에 꿰맸다. 그리고 황소가 있는 풀밭에 갖다 놓았다.

다이달로스는 파시파에를 암소 속에 들여보냈고, 그녀는 황소에게 다가가 관계를 하였다. 그리고 반은 인간의 몸이고, 머리와 꼬리는 황소인 미노타우로스가 태어난다. 미노스는 다이달로스가 만든 미로에 미노타우로스를 감금시켰다. 미노스는 매년 7명의 총각과 처녀 각각 7명씩 미궁에 넣어, 미노타우로스에게 먹잇감으로 주었다. 그는 아테나의 영웅 테세우스에 의해 살해된다.

미노타우로스의 흉상:
아테네 인근 플라카의
성 데메트리오스 카데포리스 분수에 세워졌던
성 테세우스와 미노타우로스 군상 중 하나.
아테네 국립고고학 박물관.

키마이라

키마이라Chimaira는 호메로스의 『일리아스』(6권 179~182행)에 "앞은 사자의 모습, 뒤는 뱀, 그리고 가운데는 염소"의 모습인 괴물로 묘사되었다. 이 괴물이 리키아Lycia[1]를 엉망으로 만들자, 이오바테스Iobates 왕은 이 괴물을 퇴치할 용사를 구했다. 어느 날 벨레로폰이란 젊은 무사가 찾아왔다.

키마이라와 벨레로폰

자신의 형 델리아데스Deliades를 죽게 한 벨레로폰은 아르고스Argos[2]로 쫓겨나게 되었다. 아르고스의 왕 프로이투스Proetus는

아풀리아 접시에 그려진 키마이라.
B.C. 350~340.
파리 루브르 박물관.

1 고대 도시로, 현재 터키의 남동 해안에 위치한 도시명.

2 그리스의 펠로폰네소스 반도에 있는 도시.

벨레로폰을 받아들였다. 그런데 프로이투스 왕의 아내 안테이아Anteia가 벨레로폰에게 반했으나, 그는 그녀의 청을 거절했다. 그러자 왕비는 그가 자신을 농락했다고 남편에게 거짓말을 한다.

프로이투스는 화가 났지만, 자신의 손님이라 해를 가하지 못하고, 장인 이오바테스에게 벨레로폰을 죽여 달라는 편지를 써서 그를 보낸다. 여기에서 '벨레로폰의 편지'Bellerophonic Letters라는 말이 유래되었다. 즉, 편지를 전달하는 사람이 자신을 해하는 내용인지 모르고 전달한다는 뜻이다.

이오바테스는 차마 손님을 해하지 못하고, 괴물 키마이라를 없애달라고 요청하였다. 예언자 폴리에이도스Polyeidos의 조언을 얻어, 벨레로폰은 아테나 신전에서 황금 고삐를 얻게 된다.

페가수스를 탄 벨레로폰이
키마이라를 죽이다.
아티카의 에피네트론
(작은 형상).
B.C. 425~420.
그리스 국립 고고학 박물관.

아테나는 페가수스가 페이레네Peirene 샘[3]에서 물을 마시고 있다는 것도 알려주었다. 그가 페가스스를 찾아가자, 페가수스는 벨로로폰이 가진 황금 고삐를 보고 벨레로폰에게 다가왔다. 그는 페가수스를 타고 쉽게 키마이라가 있는 곳까지 날아가, 그 머리를 베어낼 수 있었다.

벨레로폰에 대한 또 다른 이야기도 있다. 벨레로폰의 능력을 보고 이오바테스는 벨레로폰이 신들의 가호加護를 받은 영웅이라 생각하고, 자신의 딸 필로노에Philonoe와 결혼을 시켰다. 시간이 흐르자, 오만에 빠진 벨레로폰은 페가수스를 타고 올림포스까지 가려하였다. 화가 난 제우스가 등에(파리과의 곤충)를 보내 페가수스의 등을 쏘게 하자, 페가수스가 놀라 몸부림치는 바람에 벨레로폰은 지상으로 추락하고 말았다.

페이레네 샘:
코린트에 위치함.

---

3 페이레네의 샘은 코린트에 위치하여, 페가수스가 땅을 박차고 날을 때 생긴 샘이라 전해진다.

일리아스 8권 245-253행: 5세기말 혹은 6세기 초. 밀라노 암브로시오 도서관.

7

호메로스의 서사시 『일리아스』와 『오디세이아』

『일리아스』

헬레네와 파리스

닉스에게서 태어난 네메시스는 제우스의 구애를 피해 거위로 변신하였다. 그러나 그녀는 백조로 변신한 제우스에게 겁탈당한 뒤 알을 낳았는데, 이 알에서 미녀 헬레네와 클리타임네스트라가 태어났다고 한다. 혹은 레다와 백조로 변신한 제우스가 결합하여 헬레네와 클리타임네스트라를 낳았다고 한다.[1]

파리스는 트로이의 왕 프리아모스Priamos와 헤카베Hekabe 사이에서 태어난 둘째 아들이다. 그가 태어날 때 헤카베는 타는 횃불을 보았는데, 예언자 아이사쿠스Aesacus는 트로이의 멸망을 뜻한다고 하였다.

---

1 레다 부분 참조.

루벤스(Peter Paul Rubens, 1577~1640): 파리스의 심판(1636). 런던 국립 미술관.

멩스(Anton Raphael Mengs, 1728~1779): 파리스의 심판.
상트 페테르부르크 에레미타주 미술관.

목동 아겔라우스Aelaus는 왕명에 따라 아이를 이다산에 버렸다. 장성한 파리스는 이곳 이다산에서 헤라와 아테네, 그리고 아프로디테를 만나 여신들의 아름다움을 심판하게 된다.

아폴로도로스의 『원전으로 읽는 그리스 신화』(요약권 3.1~3)에 파리스의 심판과 헬레네의 납치에 대한 이야기가 나온다.

루벤스와 독일의 화가 멩스의 <파리스의 심판>은 파리스가 이다산에서 헤라와 아테네, 그리고 아프로디테 중 가장 아름다운 여신을 선택하는 장면을 묘사하고 있다.

베르트랑
(Philppe Bertrand, 1663~1724):
헬레네의 납치.
상트 페테르부르크 에레미타주 미술관.

헤라는 파리스에게 자기를 선택해준다면 왕권을 주겠다고 하였고, 아테나는 전쟁에서의 승리를, 아프로디테는 가장 아름다운 여인과의 결혼을 약속한다.

가장 아름다운 여신으로 아프로디테를 지목한 파리스는 그녀의 인도로 메넬라오스Menelaus의 집에 초대되어 헬레네와 사랑에 빠져 그녀를 납치한다.

프랑스의 화가 다비드의 <파리스와 헬레네의 사랑>은 파리스와 헬레네가 함께 있는 장면을 묘사하고 있다(파리스는 알렉산드로스라 불리기도 한다).

다비드(Jacques Louis David, 1748~1825): 파리스와 헬레네의 사랑(1788). 파리 루브르박물관.

호메로스의 『일리아스』(3권 64~95행, 253~291행)에는 헥토르가 파리스가 헬레네를 납치해와 트로이 백성들에게 고통을 주었다고 비판하는 대목이 나온다. 이에 파리스는 신이 준 선물인 헬레네를 어찌 거부할 수 있겠느냐며, 승리를 장담한다. 그리고 승리한 나라가 모든 보물과 여인을 갖도록 하자고 제의한다. 이에 헥토르는 아가멤논에게 두 나라간의 맹약을 하자고 제의한다.

맹약은 파리스와 메넬라오스 중 승리한 자가 모든 제물과 헬레네를 차지하도록 하는 것이다. 결국 아레스 신의 사랑을 받는 메넬라오스가 승리했으나, 아프로디테와 헤라가 트로이와 파리스 편을 들어 싸움은 계속된다.

헬레네와 트로이 전쟁

헬레네가 트로이 전쟁 동안 행한 행동에 대해서는 여러 가지 설이 있다. 베르길리우스의 『아이네이스』(6권 510~527행)에는 파리스가 죽자, 헬레네와 결혼한 파리스의 동생 데이포부스Deiphobus의 입을 통해 헬레네가 그리스 편을 들었다는 장면이 나온다.

아이네이아스는 저승에서 데이포부스를 만나는데, 그는 트로이의 목마가 트로이 궁 안에 들어서자, 헬레나가 한 행동을 다음과 같이 말한다.

"환성을 지르고 축하하는 프리기아 여인들을 데리고 도시를 돌고 있었소. (......) 그 사이 출중한 내 아내는 집안에서 무구들을 모두 치웠고, 심지어 네 머리맡에서 믿음직한 칼을 빼돌리기까지 했소. 그러고 나서 그녀는 메넬라오스를 불러들이며 문을 활짝 열었소."

호메로스의 『오디세이아』(4권 274~289행)에는 목마가 트로이 성안에 들어오자, 헬레네가 한 행동에 대해 메넬라오스는 다른 이야기를 한다. 헬레네가 그리스인들의 아내의 목소리를 흉내 내어 그리스 군들을 부르자, 그리스 군들이 그 소리를 듣고 나가려는 것을 오디세우스가 간신히 막았다는 것이다.

헬레네는 전쟁이 끝나자, 다시 스파르타로 돌아와 메넬라오스와 함께 산다. 호메로스의 『오디세이아』(4권 120~146행)에는 전쟁이 끝나고, 메넬라오스가 거행하는 자식들의 결혼식에 텔레마코스가 참석하는데, 이때 헬레나가 등장한다.

테티스의 간청

호메로스의 『일리아스』(1권 500~525행)에 테티스와 아킬레우스, 그리고 제우스가 등장한다. 아킬레우스가 트로이 전쟁에 참여하게 되자, 테티스가 제우스를 찾아가 그의 무릎을 잡고 트로이가 승리하도록 도와달라고 하였다. 제우스는 헤라가 눈치 채지 못하도록 어서 이 자리를 떠나라고 말한다.

앵그르
(Jean Auguste
Dominique Ingres,
1780~1867):
제우스와 테티스(1811).
프랑스 그라네 미술관.

호메로스의 『일리아스』에는 테티스가 "왼손으로 그의 무릎을 잡고, 오른손으로 그의 턱을 만지며, 크로노스의 아들 제우스 왕에게 간청했다"고 표현되어 있다.

그러나 프랑스의 신고전주의 화가 앵그르는 오른손으로 제우스의 무릎을 잡고, 왼손으로 제우스의 턱을 만지는 것으로 표현하고 있다. 작품 속에는 왼쪽에 헤라가 구름에 기대어 이 장면을 지켜보고 있다.

아킬레스건

테티스는 스틱스에 몸을 담그면 부상을 입지 않는다는 것을 알고, 어린 아킬레우스를 스틱스 강에 담근다. 그러나 그녀가 잡고 있던 발꿈치는 강물에 닿지 않아, 부상을 입을 수 있는 곳으로 남게 되었다. 강한 사람이라도 약점이 있다는 '아킬레스건'이란 말은 여기에서 유래되었다.

그리스 코르푸Corfu의 오스트리아 황후 엘리자베스Duchess Elisabeth in Bavaria(1837-1898)의 아킬레이온Achilleion 궁전에는 죽어가는 아킬레우스 동상이 있다.

루벤스(Peter Paul Rubens, 1577-1640):
테티스가 아기 아킬레우스를 스틱스 강에 담그다(1630-35).
네덜란드 보이만스 반 뵈닝겐 미술관.

코르푸 섬의 아킬레이온 궁전에 있는 죽어가는 아킬레우스 동상.

아킬레우스와 파트로클로스

아킬레우스와 파트로클로스는 함께 자라, 형제와 같은 절친한 사이였다. 트로이 전쟁에서의 아킬레우스와 파트로클로스의 이야기는 호메로스의 『일리아스』(16권 21~821행)에 나온다.

트로이 전쟁에서 아가멤논과 아킬레우스가 서로 반목하게 되어, 아킬레우스는 전쟁에 참여하지 않게 된다. 『일리아스』(15권 660~666행)에 네스토르Nestor가 공포에 떨고 있는 트로이 군대를 격려하는 대목이 나온다.

『일리아스』(16권 64~65행)에는 파트로클로스도 전쟁에 참여하게 되는데, 아킬레우스는 자신의 갑옷을 그에게 준다. 그러나 파트로클로스는 전쟁 중에 제우스의 아들인 사르페돈과 그의 시종인 트라쉬멜로스Trasymelos 등 수많은 트로이 장수들을 죽인다.

파트로클로스는 후퇴하는 트로이의 적진에까지 추격하지 말라는 아킬레우스의 당부에도 트로이 군대를 추격하여, 결국 에우포르보스Euphorbos의 창에 맞아 부상을 당한다. 이때 헥토르가 파트로클로스의 아랫배를 창으로 찔러 죽이게 된다.

『일리아스』 22권에는 분노한 아킬레우스가 파트로클로스가 죽자, 친구의 원수를 갚기 위해 전쟁에 참여하여 헥토르와 결투하는 대목과 그의 시신에 모욕을 주는 대목이 자세히 묘사된다. 헥토르의 부친인 프리아모스는 헥토르가 아킬레우스에 대항하는 것을 말린다.

『일리아스』(22권 325~327행)에 아킬레우스가 투구로도 가리지 못한 헥토르의 목을 창으로 찔러 죽이는 것이 묘사되어 있다. 『일리아스』(22권 395~405행)에는 분노한 아킬레우스가 "복사뼈까지 뚫고, 그 사이로 소가죽 끈을 꿰어서 전차에 매달고, 말을 몰아" 시신에 모욕을 주는 장면이 묘사된다.

『일리아스』(22권 414~421행)에는 헥토르의 아버지 프리아모스가 아킬레우스에게 헥토르의 시신을 돌려달라고 애원하는 대목이 나온다. 또, 『일리아스』(23권 163~176행)에는 헥토르와 파트로클로스의 시신이 교환되고, 그의 장례를 거행하는 장면이 자세히 묘사되어 있다.

마치(Franz Josef Karl Matsch, 1861~1942): 아킬레우스의 승리.
코르푸의 아킬레이온 궁전 중앙 홀의 프레스코화.

아킬레우스는 "사방 백보의 장작더미를 쌓아올리고", "가축과 황소들"의 기름으로 파트로클로스의 시신을 싸고, "그 주위에 가죽을 벗긴 짐승들을 쌓아 올렸으며", "꿀과 기름이 든 손잡이가 둘 달린 항아리들을 침상 옆에 기대놓았다." 그리고 "말 네 마리"와 "개 두 마리", 그리고 트로이인 12명을 죽여, 파트로클로스의 시신과 함께 화장을 한다.

오스트리아의 화가 마치의 <아킬레우스의 승리>는 코르푸의 아킬레이온의 메인홀에 그려진 프레스코화이다. 아킬레우스는 트로이의 문 앞에서 헥토르의 시신을 마차에 달고, 끌고 다니며 모욕을 주었다.

아가멤논의 비극

우라노스의 남근이 잘려나가며 쏟아진 피에서 복수의 여신 에리니에스가 탄생하였다. 아이스킬로스의 『오레스테이아*Oresteia*』(B.C. 458)는 아가멤논 가족의 비극을 그린다.

클리타임네스트라가 전쟁에서 승리하고 돌아온 남편 아가멤논을 살해하자, 그들의 아들 오레스테스Orestes는 어머니를 살해한다. 이때 오레스테스를 둘러싸고 에리니에스가 그의 죄를 탄핵하는 장면이 나온다.

부그로(William Adolphe Bouguereau, 1825~1905): 오레스테스와 에리니에스(1862). 크라이슬러 예술박물관.

아이스킬로스는 이때 50여명의 에리니에스를 무대 위에 등장시켰다고 한다. 에리니에스는 날개를 가지고 있고,[2] 머리카락에는 뱀이 꿈틀거리고 있다. 티시포네는 손에 횃불을 들고 있다.

프랑스의 화가 부그로의 작품은 아이스킬로스의 『오스테이아』 주요 내용을 형상화하고 있다. 가슴에 칼을 맞고 죽어가는 클라임네스트라를 끌고 가면서, 에리니에스는 오레스테스를 추궁하고 있다. 오레스테스는 귀를 막고 괴로워하고 있다.

칼카스와 이피게니아

칼카스Calchas는 트로이 전쟁 때 그리스 군대의 예언자였다. 그는 호메로스의 『일리아스』(1권 69-186행)에 등장한다. 아가멤논이 크리세Chryse 섬을 공격하여, 그곳을 다스리는 아폴론의 사제 크리세스Cryses의 딸 크리세이스Chryseis (그녀의 본명은 아스티노메(Astynome)이다)를 전리품으로 데리고 갔다.

이에 모욕감을 느낀 크리세스는 복수를 해달라고 아폴론에게 애원을 한다. 칼카스는 그리스 군대가 역병으로 고생하는 이유는 아폴론의 분노이니, 크리세이스를 아버지에게 돌려주라고 명령한다. 크리세이스를 돌려주니 아무도 죽은 사람이 없었다.

그리스 군대는 전쟁 준비를 위해 신에게 제물을 바치고 있었다. 그때 뱀이 나타나더니, 나무 위로 올라가 어미 참새 한 마리와 새

---

2 사에구사 가즈코(1995): 앞의 책, 23 쪽 이하 참조.

끼 참새 8마리를 먹어 치웠다. 칼카스는 그리스는 트로이와 9년을 싸우다가 10년째에 트로이를 함락시킬 것이라고 예언하였다.

그리스 군대가 출발하려 하자, 바람이 불지 않았다. 그때 칼카스가 나타나 예언을 하였다. 아가멤논이 근처 산에서 사슴을 사냥했기 때문에 아르테미스가 분노하였기 때문이고, 아르테미스의 분노를 가라앉히기 위해, 큰 딸 이피게니아Iphigenia를 제물로 바치라고 한다.

폼페이의 벽화에는 칼카스가 왼편에 있고, 가운데 잡혀가는 여인은 이피게니아이다. 오른 편에는 아가멤논이 서 있다. 하늘에는 아르테미스가 암사자와 함께 있다.

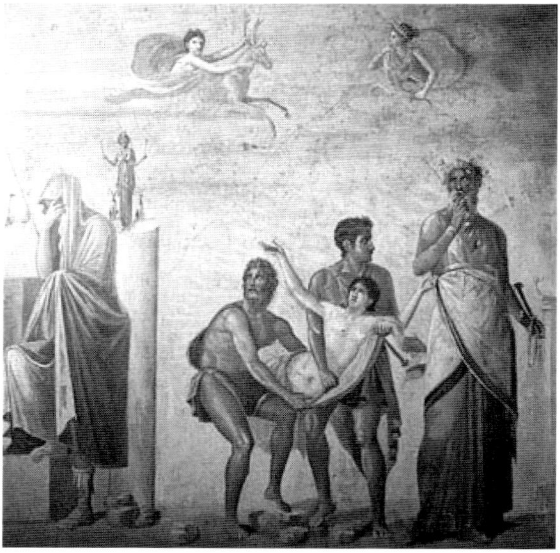

폼페이 프레스코화: 칼카스와 이피게니아. 나폴리 국립고고학 박물관.

카산드라의 예언

아폴론은 헥토르의 남매인 카산드라Cassandra를 사랑했다. 그러나 그녀는 아폴론의 사랑을 거절한다. 이에 아폴론은 카산드라의 예언력을 아무도 믿지 않게 저주를 내린다. 카산드라는 트로이의 패전을 암시했으나, 아무도 그녀의 말을 믿지 않았다.

호메로스의 『일리아스』에서는 카산드라는 주요 역할을 맡지 못하고, "프리아모스의 딸 중 가장 아름"답다(XIII, 365행)라고만 묘사된다.

아이스킬로스의 『아가멤논』에서 카산드라의 이야기는 자세히 묘사된다. 아이스킬로스의 『아가멤논』은 서막, 등장가, 5개의 삽화, 그리고 종막으로 구성되어 있다. 제3삽화에는 아가멤논이 카산드라와 함께 그리스로 되돌아오고, 제5삽화에서는 카산드라는 자신이 아폴론에 의해 예언력을 갖게 되었지만, 그를 배신하자 아무도 그녀의 말을 믿지 못하게 되었다고 이야기한다. 그리고 아가멤논이 클라임네스트라에게 살해될 것이라고 예언한다.

카산드라:
함대를 끌고 가 트로이를 멸하신 그분은
아직도 암캐가 꾸미는 음모를 모르고 계세요.
가증스런 암캐가 품고 있는
사악한 음모를 알지 못하신단 말입니다.

(......)

아내가 자기 남편을 죽이다니,

이 얼마나 포악한 짓인가요?[3]

제5 삽화 종반 부분에서 아가멤논과 카산드라는 클라임네스트라에 의해 살해된 것이 지문至文으로 처리되었다. 다른 설에 의하면 아이아스Ajax the Lesser (혹은 레서 아이아스(Lesser Aias). 소(小) 아이아스(로마에서는 아약스(Aiax))가 아테나 신전에서 카산드라를 성폭행하려 하였다고 한다.

카산드라가 아테나 신상을 붙들고 애원하고 있어, 아이아스는 아테네 신상을 붙들고 있는 카산드라와 아테네 신상을 통째

폼페이의 프레스코화: 레서 아이아스가 카산드라를 끌어내다.
폼페이의 메난드로스의 집.

---

3 아이스킬로스(2012): 『아가멤논』. 139쪽. 김종환 옮김. 지식을 만드는 지식.

로 끌고 나왔다고 한다. 이에 분노한 아테나는 아이아스가 그리스로 돌아가지 못하게 하였다.

폼페이의 프레스코화는 트로이 전쟁이 벌어지는 동안에 아이아스가 아테나 신상을 붙들고 애원하는 카산드라를 끌어내는 모습을 표현하고 있다. 왼쪽 편에 프리아모스는 아무 도움을 주지 못해 안타까운 표정으로 서 있다. 프리아모스는 트로이의 마지막 왕으로 헥토르, 파리스, 카산드라, 그리고 폴릭세네Polyxene가 그의 자녀들이다.

『오디세이아』

오디세우스

호메로스의 『일리아스』(3권 200~202행)에 헬레네가 오디세우스에 대해 이야기 하는 장면이 나온다. "오디세우스는 라에르테스의 아들, 지략이 뛰어나며 (……) 온갖 계략과 영리한 생각에 능"한 이티카의 왕이자, 그리스 군의 최고의 지략가이다.

오이디세우스는 페넬로페Penelope와 결혼하여 텔레마코스를 낳았다. 그는 그리스와 트로이의 전쟁에서 트로이 목마를 만들어 전쟁을 승리로 이끄는데 결정적인 역할을 한다. 전쟁이 끝나고 오디세우스가 집으로 돌아가는데 꼬박 10년이 걸렸다. 이 이야기를 담은 것이 호메로스의 『오디세이아』이다.

티시바인(Johann Heinrich Wilhelm Tischbein, 1751-1829):
오디세우스와 페넬로페(1802)

프리마티초(Francesco Primaticcio, 1504-1570): 오디세우스와 페넬로페(1563).
빌덴슈타인 수집품.

로랭(Claude Lorrain, 1600~1682): 파이아케스인들의 나라를 떠나다(1646).
파리 루브르 박물관.

오디세우스와 칼립소

호메로스의 『오디세이아』(5권 1~268행)에 오디세우스와 요정 칼립소Calypso의 이야기가 나온다. 고향으로 돌아가던 오디세우스가 도착한 곳이 칼립소가 사는 섬 오귀기아Ogygia[4]였다. 그녀는 오디세우스를 따뜻하게 대접해주었다.

그녀는 그에게 반해 그를 불사신으로 만들어 줄 테니, 자기 옆에 영원히 있으라고 유혹하였다. 오디세우스는 칼립소에 의해 오귀기아 섬에 7년을 머물게 된다. 신들의 회의장에서 아테

4 오귀기아섬: 사라진 아틀란티스와 연관되는 섬이라 추정된다.

나는 제우스에게 칼립소에 의해 집으로 돌아가지 못하는 오디세우스를 집으로 돌려보내자고 간청을 하였다. 오디세우스를 귀국시키라는 제우스의 명을 받은 헤르메스가 칼립소에게로 가, 오디세우스를 집으로 돌려보내라고 하였다. 그러자 그녀는 오디세우스를 마지못해 집으로 돌려보냈다.

스위스의 화가 뵈클린의 그림은 오디세우스가 고향을 그리워하며, 바닷가에 나가서 괴로워하는 모습과 그를 쳐다보는 칼립소를 형상화하고 있다.

칼립소는 손에 리라를 들고 있다. 황량한 풍경과 칼립소와 오디세우스 간의 공허한 관계가 강한 인상을 준다.

뵈클린(Arnold Böcklin, 1827~1901): 오디세우스와 칼립소(1882). 바젤 미술관.

칼립소와 텔레마코스

프랑스의 작가 페늘롱François Fénelon(1651~1715)은 루이 14세의 손자를 위해 『텔레마코스의 모험*Les Aventures de Télémaque*』(1699)을 썼다. 호메로스의 『오디세이아』 3~4권의 내용인 텔레마코스가 아버지 오디세우스를 찾아 떠나는 대목을 페늘롱은 더욱 발전시키고 있다.

작품은 텔레마코스가 아버지를 찾아 칼립소의 섬에 도착하자, 오디세우스와 마찬가지로 칼립소가 텔레마코스를 유혹하고, 이를 알게 된 아테나가 칼립소의 유혹으로부터 텔레마코스를 지켜준다는 내용이다.

카우프만(Angelika Kauffnmann, 1741~1807): 텔레마코스와 칼립소(1782). 뉴욕 메트로폴리탄 미술관.

스위스 출신의 신고전주의 화가 카우프만의 작품은 텔레마코스가 칼립소의 섬에 도달하자, 세 명의 님프가 텔레마코스를 감싸는 모습을 그리고 있다.

한 명의 님프는 손에 과일을, 다른 한 명은 화환을, 그리고 중간의 님프는 술병과 잔을 가지고 있다. 왼편에 칼립소는 텔레마코스의 스승을 옆으로 데려가고 있다.

파이아케스인들과 나우시카

호메로스의 『오디세이아』(5권 365-492행)에 칼립소의 섬을 떠난 오디세우스가 파이아케스Phaeacians인들이 사는 나라에 도착하는 과정이 묘사되었다.

오디세우스가 귀국하는 것을 본 바다의 신 포세이돈은 화가 나 폭풍우를 일으킨다. 오디세우스는 폭풍우로 인해 이틀을 시달린 끝에 조용한 해안에 도착하였다. 이곳은 스케리아Scheria라는 곳으로 파이아케스인들이 사는 나라였다. 파이아케스인들은 키클롭스의 행패를 견디다 못해, 이곳 스케리아 섬으로 이주해왔던 민족이었다.

오디세우스는 해안가의 숲에서 나뭇잎으로 몸을 덮은 뒤 잠이 들었다. 파이아케스인들은 항해를 중히 여기는 부유한 종족으로 알려져 있다.

오디세우스와 나우시카

호메로스의 『오디세이아』(6권 16~331행)에 스케리아Scheria 섬의 파이아케스[5]를 다스리던 알키노오스Alcinoos 국왕의 딸 나우시카Nausika와 오디세우스와의 만남에 대한 이야기가 나온다.

나우시카는 혼인이 가까워 오니 집안 식구들의 옷을 세탁하라는 아테나 여신의 현몽을 얻는다. 나우시카는 다음 날 양친의 허락을 얻어, 시종들과 빨랫감을 마차에 싣고 물가로 갔다.

빨래가 끝나자, 공주와 시녀들은 공놀이를 하고 노래를 부르며 즐거운 시간을 가졌다. 이때 아테나 여신은 공을 시냇물 한가운데 떨어지게 하였다. 처녀들은 공이 시냇물에 떨어지자, 소리를 질렀다.

이 소리에 깨어난 오디세우스가 여인들에게 먹을 것과 입을 것을 요청하자, 공주는 이를 시행토록 하였다. 그녀는 손님에게 친절함을 발휘하며, 오디세우스에게 다음과 같이 말한다.

> 지금 그대는 우리 도시와 나라에 왔으니, 옷은 물론이고
> 불운을 탄원하는 자가 도움을 베풀 수 있는 사람을 만났을 때
> 당연히 받게 되어있는 것은 무엇이든
> 받게 될 거예요. (191~194행)

5 전설상의 섬인 스케리아 섬에 사는 해양부족이다.

마리오통
(Jean Alfred Marioton,
1864~1903):
오디세우스와 나우시카(1888).
파리 오르세 미술관.

공주는 오디세우스에게 한눈에 반해 궁궐에 같이 가자고 권했다(242~245행 참조). 그러나 소문이 두려워 숲속에서 기다렸다가, 누구든 처음 만난 사람에게 궁궐로 가는 길을 물으면 안내해줄 것이라고 말한다.

호메로스의 『오디세이아』(7권 1~132행)에서는 오디세우스가 아테나의 도움을 받아, 알키노오스 왕의 궁궐에 도달하는 이야기가 묘사된다.

오디세우스는 숲 속에서 기다리다가 물을 길러 항아리를 들고 가는 소녀를 만나는데, 그녀는 다름 아닌 아테나였다. 오디세우스는 아테나 여신의 안내를 받아 궁궐에 도착하였다. 궁궐은 아름답고 화려했으며, 과수원에는 여러 가지 과일이 풍요롭게 자라고 있었다.

호메로스의 『오디세이아』(7권 157~186행)에 알키노오스 왕이 궁전에 도착한 오디세우스를 환대해준 이야기가 묘사되어 있다. 국왕은 다음 날 자신의 나라를 방문한 손님을 도와줄 방안에 대해 회의를 하고, 대신들이 물러가자 오디세우스에게 그의 처지와 상황에 대해 질문한다.

오디세우스는 칼립소 섬에서 오래 머물다가 떠나온 이야기와, 이 섬에 도착해 나우시카가 도와준 이야기를 하였다. 이에 국왕은 오디세우스가 고향에 돌아갈 수 있도록 도와주겠다고 약속하고, 오디세우스에게 만찬을 베풀어주었다.

『오디세이아』(8권 145~265행)에는 잔치가 벌어지자 왕이 젊은이들을 불러 모아, 오디세우스의 탁월한 능력을 보여주는 장면이 묘사되어 있다.

오디세우스는 원반을 들어 파이아케스인들이 던진 것보다 훨씬 무거운 원반을 들어 멀리 던졌다. 이에 사람들은 오디세우스의 능력에 경탄한다.

오디세우스와 데모도코스

『오디세이아』(8권 60~97행)에 눈먼 시인 데모도코스Demodocus에 대한 이야기가 나온다. 알키오노스 궁전에서 눈먼 음유시인 데모도코스는 트로이 전쟁에 대해 노래를 불렀다.

특히 그는 오디세우스와 아킬레우스가 전쟁 수행 방법에 대해 서로 말다툼을 한 것에 대해 노래를 불렀다. 이들은 트로이 전쟁에서 가장 훌륭한 장수들이 싸워야 승리할 수 있다는 델포이의 신탁에 따라, 말다툼을 벌렸다고 한다.

데모도코스의 노래를 듣고, 오디세우스는 눈물을 흘렸다. 주위 사람들이 눈물을 흘린 이유를 묻자, 오디세우스는 그제야 자신의 이름과 트로이 전쟁에 대해 이야기한다. 주위 사람들은 오디세우스를 칭송을 하여 많은 재물을 선물로 주었다.

하에즈(Francesco Hayez, 1791~1881): 알키노오스 궁전의 오디세우스(1814~1815). 나폴리 카포리몬테 미술관.

다음 날 오디세우스는 파이아케스인들의 배로 고향을 향해서 출발하였다. 포세이돈은 자기에게 묻지도 않고 오디세우스를 구해낸 파이아케스인들을 괘씸하게 여겨, 항구로 돌아오는 배들을 바위로 만들어 버렸다.

키클롭스

호메로스의 『오디세이아』(9권 106-566행)에 오디세우스와 폴리페모스의 이야기가 나온다. 트로이 전쟁에서 승리한 후, 오디세우스 일행은 고향을 향해서 떠난다. 항해를 하던 중 오디세우스 일행은 키클롭스의 나라에 이른다.

키클롭스는 주로 동굴에 살고 있고, 이마에 눈이 하나만 있는 외눈박이 거인들이다. 오디세우스 일행은 키클롭스 중 한 명인 양치기 폴리페모스Polyphemus가 사는 동굴에 도달했다.

폴리페모스는 호의를 베풀어 달라는 오디세우스의 요청을 듣고서는, 그의 부하 둘을 동굴 벽에 집어 던져 죽이고 만다. 그리고 그들을 먹고 잠이 들어버린다. 그리고 다음 날도 오디세우스의 부하 둘을 또 죽여 먹어버리고, 양떼를 몰고 나가면서 폴리페모스는 동굴 입구를 바위로 막아버린다.

오디세우스는 거인이 나간 뒤 부하의 원수를 갚고, 그곳을 탈출할 방법을 궁리하였다. 그는 긴 나무를 찾아 한쪽 끝을 뾰족하게 깎고 감추었다.

동굴로 돌아 온 폴리페모스는 다시 오디세우스의 부하들을 잡아먹었다. 식사를 끝낸 폴리페모스에게 오디세우스는 다가가 술을 건넸다. 폴리페모스는 술을 여러 번 청해 거나하게 취해서는 오디세우스에게 이름을 물었다.

오디세우스는 "우티스Outis, 즉 아무 것도 아니다"라고 대답했다. 잠시 후 폴레페모스가 잠이 들자, 오디세우스는 날카롭게 깎은 나무를 불 속에 넣어 태운다음, 거인의 눈을 찔렀다. 거인은 고통에 소리치며 옆의 동굴의 키클롭스를 불렀다.

외눈박이 거인들은 무슨 일이냐고 물었다. 이에 폴리페모스가 "우티스가 나를 이 지경으로 만들었다네"라고 말한다. 즉 '아무도 나를 이 지경으로 만들지 않았다'는 이야기가 되는 것이다.

다음 날 폴리페모스는 양떼를 목장으로 내몰기 위해 나가면서, 동굴 입구에서 양이 나갈 때마다 한 마리씩 쓰다듬었다. 이에 오디세우스는 양 세 마리를 묶었고, 그중 가운데 양의 배에 오디세우스와 그의 부하들이 매달렸다.

폴리페모스는 양의 등과 겨드랑이만 쓰다듬어, 그들은 동굴을 빠져나올 수 있었다. 그들은 양떼를 몰고 배에 싣고는 폴리페모스에게 소리쳤다. 이에 폴리페모스는 큰 바위를 뽑아 소리나는 쪽을 향해 던졌다. 오디세우스는 바위를 피해 폴리페모스의 섬을 도망쳐 고향으로 갈 수 있었다.

티시바인
(Johann Heinrich Wilhelm Tischbein,
1751~1829):
폴리페무스.
올덴부르크 주립 박물관.

에커스베르크
(Christoffer Wilhelm Eckersber,
1783~1853):
폴리페무스 동굴에 들어간
오디세우스(1812).
프린스턴대학 미술관.

덴마크의 화가 에커스베르크의 <폴리페무스 동굴에 들어간 오디세우스>는 폴리페무스의 아래에는 양이 한 마리가 있고, 오디세우스는 도망갈 준비를 하고 있다. 밖에는 오디세우스가 자신의 부하들을 매달아 놓은 양들의 모습이 보인다.

키르케

호메로스의 『오디세이아』(10권 210~574행)에 오디세우스와 마법에 능한 님프인 키르케에 대한 이야기가 나온다.

고향으로 가던 오디세우스는 태양신 헬리오스의 딸 키르케가 살고 있는 섬에 도착하게 되었다. 키르케는 사람들을 짐승으로 변하게 할 수 있는 마법사였다. 오디세우스는 동료이자, 부관 에우릴로코스Eurylochus로 하여금 키르케의 도움을 받을 수 있나 타진하기 위해 그녀에게 보냈다.

그녀는 에우릴리코스의 부하들에게 "치즈와 보릿가루와 노란 꿀과 프람네 산 포도주"와 "고향땅을 잊게 하는 약"을 주고는 마법의 지팡이로 모두 돼지로 만들었다. 에우릴리코스는 오디세우스에게 이 사실을 전달하였다.

오디세우스는 부하들을 구하러 가는 도중 헤르메스를 만났다. 그는 오디세우스에게 약을 주어 키르케의 마법을 벗어날 수 있도록 조언해 주었다. 오디세우스를 맞이한 키르케는 그에게 음식을 주고 난 뒤 다시 마술을 걸었다. 그러나 그는 헤르메스

시칠리아 제단:
오디세우스의 부하를
돼지로 만드는 키르케(6세기).
파리 루브르 박물관.

의 약으로 인해 마법에 걸리지 않았다. 그러자 키르케는 오디세우스의 전우들을 다시 인간으로 돌려놓았다.

오디세우스는 키르케의 대접에 도취해 1년 동안 키르케의 섬에 머물렀다. 일 년이 지나자, 부하들은 오디세우스에게 고향을 기억하도록 충고한다. 고향으로 돌아가려는 오디세우스에게 키르케는 먼저 그가 하데스로 가야 한다고 말을 한다. 호메로스의 『오디세이아』 11권에서는 오디세우스의 저승 체험이 묘사되어 있다.

테이레시아스

테이레시아스는 테베의 장님 예언자이다. 그의 예지력은 유명하였다. 그는 어느 날 뱀 두 마리가 교미하는 장면을 보고 암컷

퓌슬리(Johann Heinrich Füssli): 오디세우스가 지옥에 있는 동안 테이레시아스가 등장하다. 오스트리아 빈의 알베르티나 박물관.

을 지팡이로 죽이고 만다. 이것이 헤라를 화나게 하여, 그는 7년 동안 여자로 살면서 헤라의 사제로 활동하게 된다. 그리고 다시 뱀 두 마리가 교미하는 것을 보고, 수컷을 죽여 다시 남자가 되었다.

다른 일설에 의하면 그는 아테나의 벌거벗을 몸을 보았다가 장님이 되었다고 알려져 있다. 그의 자녀 중 하나가 여성 예언자인 만토Manto이다.

키르케의 조언으로 하데스로 갔던 오디세우스는 테이레시아스를 만나 조언을 구하였다. 그의 혼령은 『오디세이아』에 등장하여 오디세우스에게 귀향 방도를 다음과 같이 말하고 있다.

그러나 그대는 고생은 해도
고향으로 돌아가게 될 것이오. 그대가 그대 자신과 전우들의 마음을
억제하려고만 한다면 말이오. 보랏빛 바다에서 벗어나
그대의 잘 만든 배를 트리나키에 섬에 접근시키자마자
그대들은 만물을 굽어보고 만사를 듣는 태양신 헬리오스의
풀을 뜯는 소 떼와 힘센 작은 가축들을 발견할 것이오.
그대가 귀향을 염려하여 이것들을 해코지하지 않고
내버려둔다면 그대들은 고생은 해도 이타케에 닿을 것이오.

(『오디세이아』(11권 105~111행)

그리고 계속해서

마침내 어떤 길손과 마주쳐 그가 그대더러
탄탄한 어깨 위에 곡식을 까부르는 키를 메고 있다고 말하거든
그때 그대는 손에 맞는 노를 땅에 박고 포세이돈 왕에게
훌륭한 제물들을, 숫양 한 마리와 수소 한 마리와
암퇘지를 올라타는 수퇘지 한 마리를 바치시오.
그러고 나서 그대는 집에 돌아가 넓은 하늘에 사시는
모든 불사신들께 순서대로 신성한 황소 백 마리를 바치시오.

(『오디세이아』 11권 126~132행)

호메로스의 『오디세이아』(12권 279~450행)에 오디세우스는 자신의 귀향에 대해 알키노오스에게 이야기 하는 대목이 나온다.

그는 하데스에서 돌아와서는 배를 몰아 고향으로 향하였다. 가는 길에 오디세우스는 테이레시아스와 키르케의 말을 명심하여, 헬리오스의 섬을 피해 지나가려고 하였다. 그러나 오디

세우스의 부하들은 지치고 굶주린 터라, 오디세우스의 말을 듣지 않고, 헬리오스의 소들을 잡아 잔치를 벌인다.

그러자 헬리오스는 돌풍을 일으키고, 제우스는 번개를 쳐서 오디세우스의 전우들은 모두 배에 떨어져 파도에 떠다니게 되었다. 오디세우스는 9일 동안 떠내려가다가, 칼립소가 있는 섬에 도달하였다.

세이렌

호메로스의 『오디세이아』(12권 41~54행)에는 명계冥界에서 돌아온 오디세우스가 키르케Circe와 마지막 밤을 지내는 장면이 나온다. 키르케는 그가 자신의 섬을 떠난 후, 제일 먼저 만날 장애물인 세이렌Seiren(Siren)에 대해 설명해준다.

테라코타: 세이렌.
시칠리아 혹은 마그마 그라에티카.
파리 오르세 미술관.

세이렌은 바다의 요정으로, 그녀는 보통 여러 명이 함께 하기에 일반적으로 '세이레네스'Seirens란 복수형으로 쓰인다. 세이렌의 모습은 보통 여자의 모습을 지녔다고 하는 설이 있다. 또한 머리는 여자, 몸은 물새의 모습으로 설명되기도 한다.

그들은 배가 지나갈 때마다 노래를 불러, 이 노래를 듣는 선원들은 마법에 걸려 바다에 빠져죽게 된다. 키르케는 오디세우스에게 선원들의 귀를 밀초(밀랍으로 만든 초)로 막아 세이렌의 노래를 못 듣게 하라고 충고한다. 세이렌의 노래 소리를 듣고 싶은 오디세우스는 자신의 귀는 밀초로 막지 않고 돛대에 묶게 하였다.

세이렌의 노래 소리에 유혹당해 오디세우스는 밧줄에서 빠져나오려 하였지만, 항해는 계속되어 세이렌이 살고 있는 섬을 무사히 빠져나오게 되었다.

드레이퍼(Herbert James Draper, 1864~1920): 오디세우스와 세이렌(1909).
영국 킹스턴 어폰에 있는 페렌스 미술관.

영국의 신고전주의 화가 드레이퍼의 그림은 밀초로 귀를 막지 않고 돛대에 묶인 오디세우스가 세이렌의 노래에 유혹당한 상태를 표현하고 있다. 그리스 신화에서 세이렌의 모습은 두려운 모습으로 이야기되나, 드레이퍼의 작품에서는 세이렌은 아름다운 모습으로 표현되었다.

호메로스의 『오디세이아』(12권 41~44행)에서는 두 명의 세이렌이 풀밭에서 노래 부른다고 표현되어 있는데, 드레이퍼의 작품에서는 세 명의 세이렌이 배에 올라가 있는 모습으로 표현되었다.

퓌치(Denys Puech, 1854~1942): 세이렌(1642). 파리 오르세 미술관.

프랑스 조각가 퓌치는 메디치 별장에 머무는 동안 세이렌 작품을 구상하였다. 퓌치는 날개와 물고기 꼬리를 가진 세이렌이 젊은 청년을 납치하는 모습을 그렸는데, 보통 남성이 여성을 납치하는 것과는 반대로, 퓌치는 여성이 남성을 납치하는 것으로 표현했다.

당시 그는 오페라 가수 에마 칼베Emma Calvé(1858~1942)와 사랑에 빠졌는데, 자신의 상태가 세이렌에게 유혹당한 것과 같았다고 말하고 있다.

스킬라와 카리브디스

호메로스의 『오디세이아』에 키르케는 오디세우스에게 세이렌 다음에 만날 장애물인 스킬라(12권 84~126행)와 카리브디스(12권 235~257행)가 있는 해협에 대해 설명하는 대목이 나온다.

스킬라와 카리브디스는 이탈리아와 시칠리아 사이의 메시나 해변 양쪽 편에 살고 있었는데, 스킬라는 '갓 태어난 강아지 소리를 내는 (...) 괴물'로 열두 개의 손발과 여섯 개의 목, 그리고 이빨이 세 줄로 나있으며, 선원이 지나가면 한 사람씩 잡아먹는 괴물이기에, 스킬라가 살고 있는 동굴을 지나가는 사람이 없다.

오디세우스가 스킬라를 물리칠 방법을 물어보자, 키르케는 스킬라를 낳아준 어머니 크라타이이스Krataiis를 부르면 도와줄 것이라고 하였다. 스킬라의 다른 편에는 바닷물을 뿜어내거나,

빨아들이는 소용돌이인 카리브디스가 있었다.

카리브디스가 물을 내뿜을 때면 "거친 물 위에 걸린 가마솥처럼, 맨 밑바닥으로부터 소용돌이치며 끓어올랐고, 물보라는 두 바위의 꼭대기까지 높이 날아올랐다." 그곳을 가까스로 지나서 오디세우스는 태양신의 섬에 도착하게 된다.

퓌슬리(Johann Heinrich Füssli, 1741~1825): 스킬라와 카리브디스 사이의 오디세우스(1794~1796). 스위스 아르가우 미술관.

'스킬라와 카리브디스'는 그리스 신화에서 나온 격언으로 진퇴양난(between a rock and a hard place 혹은 on the horns of a dilemma)이라는 뜻이다.

다른 설에는 키르케와 스킬라와의 관계에 대한 이야기가 있다. 키르케는 자신이 관심을 보인 글라우코스Glaucus가 스킬라에게만 관심을 보이자, 분노하였다. 그녀는 스킬라가 살고 있는 시칠리아 해변으로 갔다. 스킬라는 이 해변에서 헤엄을 치거나 휴식을 취하곤 하였는데, 키르케는 여러 가지 독한 약초를 섞은 액을 해안에 풀고 주문을 외웠다. 여느 때처럼 스킬라는 물속에 몸을 담갔는데, 서서히 머리가 여섯 개가 되는 괴물로 변하고 말았다.

8

로마 건국의 서사시 『아이네이스』

라오콘

베르길리우스의 『아이네이스』(2권 40~624행)에 포세이돈 신전에서 신관을 지낸 라오콘Laocoon과 그의 아들들이 뱀에 물려 죽게 되는 과정과, 트로이 사람들이 그리스군이 보낸 목마 속의 그리스 군대에 의해 트로이가 멸망하는 과정이 묘사된다.

트로이 전쟁 때 트로이가 계속해서 버텨내자, 그리스군의 오디세우스는 꾀를 내었다. 그리스군은 포위를 풀고, 선단의 일부를 철수하고 거대한 목마를 만들어, 목마 속에 무장한 장수들을 배치했다.

그리스군대는 트로이에서 완전히 철수를 하는 척하였다. 트로이 백성들은 승리한 줄 알고, 그리스군 진영 쪽으로 구경하러 왔다. 그리고 트로이 백성들은 목마가 무엇인가 쑤군거렸다.

이때 라오콘은 사람들에게 그리스 군대가 준 선물은 조심해야 한다고 하며, 목마를 향해 창을 던지자 신음소리와 같은 소리가 들렸다. 그때 그리스군에서 시논Sinon이 잡혀온다. 그는 그리스인들이 첩자로 남겨둔 사람이었다. 트로이인들은 그에게 정직하게 대답하면 살려주겠다고 한다.

시논이 프리아모스 앞으로 끌려오다.

티에폴로(Giovanni Domenico Tiepolo, 1727~1804): 트로이의 목마(1773).

하게산드로스, 아테노도로스, 폴리도로스(Hagesandros, Athenedoros, and Polydoros)
라오콘과 그의 아들들(B.C. 150~50년경). 바티칸 클레멘티노 박물관.

그는 자신은 오디세우스의 미움을 받아 그리스의 함대에 타지 못하고, 목마는 아테나 여신의 분노를 삭이기 위한 제물이라고 말하였다. 그리고 목마를 이렇게 크게 만든 것은 칼카스의 예언에 따라, 목마가 트로이군의 수중에 들어가면 트로이가 승리하게 될 것이니, 목마가 트로이군의 수중에 들어가지 못하게 하기 위해서라고 대답한다.

트로이 사람들은 목마를 성 안으로 끌어들여, 칼카스의 예언을 실현시키고자 하였다. 그때 큰 뱀 두 마리가 나타나, 사람들은 정신없이 피했지만, 뱀은 라오콘과 그의 두 아들을 덮치고 만다. 라오콘과 그의 두 아들은 빠져 나오려 몸부림쳤지만, 뱀은 더욱 그들을 옭아매어, 결국 라오콘과 그의 두 아들은 죽게 된다.

트로이 사람들은 신성한 목마에 대한 라오콘의 무례를 신들이 뱀을 보내 벌을 내린 것이라 생각하고, 목마를 성 안으로 끌고 들어갔다. 트로이 사람들은 승리를 축하하기 위해 술을 마시고 잠이 들었다. 밤이 되자, 그리스 군대는 목마에서 빠져나와 성문을 활짝 열어 나머지 그리스 군대를 불러들여, 트로이를 점령한다.

로마 바티칸 미술관에 있는 <라오콘과 그의 아들들>은 뱀에 휘감긴 트로이의 사제 라오콘과 그의 두 아들을 표현한 대리석 조각 작품으로, 그들의 얼굴 표정은 '고통스러움의 전형'이다. 이 작품은 1506년 로마에서 발견되어, 교황 율리우스 2세가 사들였다.[1]

아이네이아스

『아이네이스』(2권 705-790행)에 아이네이아스의 트로이 탈출에 대한 이야기가 나온다. 트로이인들은 고국이 멸망하자, 대장 아이네이아스와 함께 새로운 터전을 찾아 나섰다. 아이네이아스는

---

1 롤프 H. 요한젠(2000): 앞의 책, 103쪽 참조.

아버지 앙키세스가 너무 병약하여, 그를 어깨에 목말을 태우고 불바다가 된 도성을 빠져나오다, 아내 크레우사Creusa를 잃어버렸다. 며칠 동안 아내를 찾아 헤매는 그에게 아내의 망령이 나타나, 트로이를 떠나라고 애원한다.

이탈리아의 화가 바로치와 반 루의 작품 <트로이에서의 탈출>은 투구와 갑옷을 입은 아이네이아스가 병약한 앙키세스를 업고, 아내 크레우사와 아들 율루스를 데리고 트로이를 탈출하는 장면을 그리고 있다.

트로이를 떠난 아이네이아스는 처음에 크레타 섬에 정착하였으나, 역병이 돌고 곡식이 열매를 맺지 못하자, 다른 곳으로 이주하였다. 어느 날 그는 히스페리아Hespreria[2]로 가라는 현몽을 꾸었다.

바로치(Federico Barocci, 1535~1612): 트로이에서의 탈출(1598). 로마 보르게세 박물관.

2 서쪽의 나라, 고대 로마의 시인이 이탈리아를 지칭함.

카를 반 루
(Carle van Loo, 1705~1765):
아이아네스가
앙키세스를 업고
트로이를 탈출하다(1729).
파리 루브르 박물관.

아이네이아스의 모험 중에는 다음과 같은 이야기가 있다. 아이네이아스는 제우스가 피네우스를 벌하기 위해 보냈던 여자 얼굴을 한 괴물새인 '하르피이아이'라는 새가 사는 곳에 도착하였다.[3]

아이네이아스 일행이 이곳에 정착하여 음식을 차리고 식사를 하려하자, 무시무시한 새 소리와 함께 하르피아이가 나타나, 음식을 빼앗아 먹기 시작하였다. 이에 트로이인들은 황급히 이곳을 떠나 다시 항해를 하였다.

아이네이아스는 오디세우스가 갔었던 폴리페모스 섬에 도착한다. 그들 일행은 오디세우스로 인해 눈이 빠진 폴리페모스

3 예언자 피네우스 참조.

가 지른 소리를 듣고 얼른 그 섬을 떠난다. 그리고 스킬라와 카리브디스가 지키는 해협을 피하여 항해를 하였다. 아이네이아스는 항해를 하던 도중, 아프로디테에게 사과를 준 트로이인들을 미워하는 헤라가 보낸 바람의 지배자인 아이올로스가 보낸 폭풍우로 인해 갖은 고초를 당한다.

디도

『아이네이스』(1권 298~410)행에 아이네이아스가 카르타고Carthago[4]의 디도Titos와 만나는 장면이 묘사되어 있다. 아프로디테와 인간인 앙키세스 사이에서 난 아이네이아스가 카르타고에 도착하자, 사냥꾼으로 변신한 아프로디테가 아들 앞에 등장하여 카르타고의 여왕 디도에 대하여 설명해 준다.

『아이네이스』는 트로이 군대의 영웅 아이네이아스가 트로이가 멸망한 후, 이탈리아로 가는 도중 여러 곳을 지나면서 많은 일을 겪고, 로마 제국을 건설하는 내용을 담고 있다.

아이네이아스가 도착한 카르타고는 디도가 지배를 하던 곳이었다. 디도는 트로스의 왕 피그말리온의 누이로, 그녀의 남편이 처남 피그말리온에 의해 살해되자, 백성들을 이끌고 티로스

4 고대 페니키아인이 북아프리카의 튀니스만 북 연안에 건설한 도시 및 도시 국가를 뜻함.

Tyros[5]를 탈출하여 아프리카에 도착했다. 그녀가 원주민들에게 소가죽 하나로 덮을 정도의 땅을 달라고 하자, 원주민들은 흔쾌히 허락했다. 디도는 소가죽을 아주 가늘게 잘라 그 끈을 연결하여 구획을 만들어 자신의 왕국을 만들었다.

『아이네이스』(4권 170-705행)에 아이네이아스와 디도에 대한 이야기가 나온다. 트로이 전쟁에 패한 아이네이아스는 카르다고에 도착하여, 디도에게 환대를 받았다. 그는 디도와 서로 사랑에 빠지게 되어, 이탈리아에 나라를 세우겠다는 생각도 잊고 디도와 행복하게 살고 있었다.

이때 제우스는 헤르메스를 보내, 아이네이아스의 사명을 상기시킨다. 아이네이아스는 결국 디도를 버리고 항해를 시작하였다. 디도는 아이네이아스가 자신을 버리자, 모욕감에 칼로 자신의 몸을 찌르고 불타는 장작더미 위에 올라가 죽고 말았다.

아이네이아스는 시빌레에게 찾아가 항해 도중 사망한 아버지 앙키세스를 만났으며, 그가 자신의 장래와 민족의 운명을 알아보도록 계시를 받았으니 도와달라고 청했다. 시빌레는 황금가지가 뻗은 나무를 찾아오라고 한다.

어머니 아프로디테가 아이네이아스를 도와 황금가지를 꺾어 시빌레에게 가져다주었다. 아이네이아스는 시빌레의 도움

5 레바논 남부의 항구 도시. 고대 페니키아의 도시이다.

으로 지하의 세계에 도착하여 뱃사공 카론을 만났다. 시빌레는 황금가지를 보여주고, 카론의 허락을 받고서 아이네이아스를 지하의 세계로 데려갔다. 아이네이아스는 이곳에서 죽은 디도를 만나게 된다.

아이네이아스가 탄 배는 7년의 항해 끝에 드디어 이탈리아 라티움Latium에 상륙하여 그곳의 왕 라티누스Latinus의 딸 라비니아Lavinia와 결혼하여 라비니움Lavinium[6]을 건설하였고, 이후 로마 제국의 건국 시조로 묘사되었다. 로마 건국의 신화에는 아이네이아스가 로물루스Romulus와 레무스Lemus의 조상이라고 한다.

피에트로 다 코르토나(Pietro da Cortona, 본명은 피에트로 베레티니(Pietro Berretini). 1596~1669): 아에네아스 앞에 나타난 사냥꾼 비너스(1631). 파리 루브르 박물관.

---

6 로마 남쪽 53Km에 위치하며, 고대 이탈리아 라티움 왕국에 있던 도시.

이탈리아의 화가이자 조각가인 코르토나의 <아에네아스 앞에 나타난 사냥꾼 비너스>는 카르타고Carthago[7]에서 사냥꾼으로 변신한 아프로디테와 아이네이아스의 만남을 묘사하고 있다. 아이네이아스가 그가 가장 신뢰하는 친구이자 동료인 아카테스Achates와 섬을 탐색하러 가는데, 아프로디테가 디도의 궁전으로 가는 길을 알려주고 있다.

프랑스 화가 게랭의 <트로이의 멸망에 대해 이야기하는 아이네이아스>는 『아이네이스』(1권 723-756행)에서 묘사된 것처럼, 카르타고에 도착해 아이네이아스가 디도 여왕에게 트로이의 멸망과 그의 방랑을 이야기하는 장면이다.

나르시스 게랭(Pierre-Narcisse Guérin, 1774-1833):
디오에게 트로이의 멸망에 대해 이야기하는 아이네이아스(1815). 파리 루브르 박물관.

---

7 고대 페니키아인이 북아프리카의 튀니스만 북 연안에 건설한 도시 국가.

투르누스와 유투르나

베르길리우스의 『아이네이스』(12권 79~80, 785~886, 936~952행)에 아이네이아스, 라비니아, 투르누스, 그의 누이 유투르나Juturna에 대한 이야기가 나온다. 라비니아와 약혼을 하였던 투르누스는 유투르나가 아이네이아스와 결혼한다는 말에 극도로 분노한다.

그는 라티움 지방의 부족인 루툴리Rutuli 족들과 함께 아이네이아스의 군대와 격렬한 전투를 하였다. 투르누스는 헤파이스토스가 스틱스 강에 담가 부러지지 않는 검을 가지고 있었다.

투르누스가 아이네이아스와 대결할 때, 투르누스가 칼을 놓치자, 유투르나는 마부의 모습으로 오빠에게 칼을 돌려준다.

조르다노(Luca Giordano, 1632~1705): 아이네이아스가 트루누스를 물리치다. 코르시니 궁전.

그러나 복수의 여신 에리니에스로부터 경고를 받자, 그녀는 떠나버린다.

아이네이아스는 투르누스에게 창을 던졌고, 투르누스는 쓰러졌다. 그때 투루누스가 착용한 팔라스의 띠가 보이자, 아이네이아스는 자신의 전우를 죽이고, 그 띠를 착용한 투르누스에게 복수를 하고자 그의 가슴을 깊게 찔러 죽이고 만다. 그 후 아이네이아스는 이탈리아에서 새 나라를 건설한다.

이탈리아 화가 조르다노는 아이네이아스가 투르누스를 물리치는 장면을 형상화시키고 있다. 투르누스 옆에는 그의 여동생 요정 유투르나가 보인다.

제우스는 에리니에스에게 유투르나를 만나라고 한다. 검은 새로 모습을 드러낸 에리니에스가 유투르나 옆에 보인다. 유투르나는 괴로워하며 몸을 돌리고 있다.

참고문헌

1. 1차 문헌

게롤트 둠머무트 구드리히(2000): 신화. 안성찬 옮김. 해냄.

단테 알리기에리(2018): 신곡. 지옥편. 박상진 옮김. 민음사.

루키우스 아풀레이우스(2018): 황금 당나귀. 송병선 옮김. 현대지성.

베르길리우스(2007): 아이네이스. 천병희 옮김. 도서출판 숲.

아폴로도로스(2017): 원전으로 읽는 그리스 신화, 천병희 옮김, 도서출판 숲.

야콥 부르크하르트(2015): 치체로네. 이탈리아 미술을 즐기기 위한 안내. 회화편. 박지형 옮김.

아이스킬로스(2012): 아가멤논. 김종환 옮김. 지식을 만드는 지식.

아이스킬로스(1968): 아이스킬로스편. 김세영 옮김. 현암사.

에우리피데스(2009): 에우리피데스 비극 전집 Ⅰ,Ⅱ권. 천병희 옮김. 도서출판 숲.

오비디우스(2017): 변신 이야기. 천병희 옮김. 도서출판 숲.

헤시오도스(2003.), 신들의 계보, 천병희 옮김, 도서출판 숲.

호메로스(2008): 일리아스. 천병희 옮김. 도서출판 숲.

호메로스(2018): 오뒤세이아. 천병희 옮김. 도서출판 숲.

2. 2차문헌

김영숙(2014): 프라도 미술관에서 꼭 봐야 할 그림. 후마니스트출판그룹.

롤프 H. 요한젠(2000): 회화. 황현숙 옮김. 해냄.

시에구사 가즈코(1995): 여성을 위한 그리스 신화. 한은미 옮김. 시아출판사.

유재원(2002): 그리스 신화의 세계. 현대문학.
이현진(2007): 여신을 모티브로 한 헤어아트 연구. 서경대학교 석사학위논문.
토마스 벌펀치(1996): 그리스와 로마의 신화. 이윤기 옮김. 대원사.

인터넷 사이트

https://en.wikipedia.org/wiki/Prodicus.
https://en.wikipedia.org/wiki/A_Wonder-Book_for_Girls_and_Boys.
https://eclecticlight.co/2016/02/02/the-story-in-paintings-gustave-moreau-and-the-dissolution-of-history/.

그리스 신화, 예술로 읽다

펴낸이 박재규
펴낸곳 경남대학교출판부
지은이 김선형

초판 인쇄 2018년 12월 17일
초판 발행 2018년 12월 20일

출판등록 제1974-100001호

주소 경남 창원시 마산합포구 경남대학로 7 (월영동)
대표전화 055-249-2074 팩스 0505-999-2115
전자우편 ko10@kyungnam.ac.kr
홈페이지 www.kyungnam.ac.kr/press

ISBN 978-89-8421-518-4 03600